「感謝」の心理学

心理学者がすすめる「感謝する自分」を育む
21日間プログラム

日本での発刊に寄せて

本書を翻訳してくれた私の友人である中村浩史氏に大変感謝しています。このプロジェクトに対する中村氏ならびにその協力者たちの熱意と献身的な取り組みのおかげで、「感謝」に関するメッセージが日本中に広まるでしょう。

私は20年以上にわたって、感謝の科学的研究に専念してきました。１９９８年、私は「人間の強さの伝統的源泉」（知恵、希望、愛、精神性、感謝、謙虚）に着目した小規模の会議に招待されました。それぞれの科学者には、自身のテーマに関する既知の知識を発表し、将来に向けた研究事項を策定するという課題が与えられました。私は最初に「謙虚」を研究対象に選びましたが採用されず、代わりに「感謝」が割り当てられました。この普遍的な強さの本質を理解すべく、神学、哲学、社会科学などの各分野を研究し、洞察を得ようとしました。そうした中、感謝に関する科学的研究が事実上なされていないことが分かりました。そこで私は、感謝日記がどのような効果をもたらすのかを調べる、初の無作為化比較試験に着手しました。その結果、人々が感謝の気持ちを系統的に育てることで、測定可能かつ持続性のある効果が得られるという科学的知見を得ました。心理面、身体面、対人面、精神面における効果です。感謝の精神や心情から、健康、ウェルネス、充実度といったものが、もたらされることが分かりました。感謝により人は癒やされ、元気づき、人生が変わるのです。

新しい研究分野を開拓する喜びの1つは、自分の研究が他の研究者を刺激することであり、元の研究を他の研究で再現したり、創造的な方向へ拡張したりするのを見ることです。感謝についてもそうした取り組みが続々と始まりました。20年たった今、感謝をテーマとする科学は爆発的に発展してきました。中村氏のような方々の情熱により、感謝に関するメッセージは世界中に広まっています。

職場における感謝は、特に重要なテーマです。ただし、他に比べ科学的研究が進んでいないテーマでもあります。科学的研究により厳密に検証された感謝がもたらす効果を伝えていくことが重要です。ストレス、エンゲージメント、生産性などの観点からの職場成果との関連性や、直観に反して驚くような、組織の利益に付随する研究結果などが含まれるでしょう。例えば、これまでの研究により、感謝が睡眠を改善させることが分かっています。感謝が人の健康を促進することを示すこの知見は、私が好むものの1つです。睡眠の質が良くなり、入眠に掛かる時間が短縮され睡眠時間が長くなり、睡眠薬の必要性が減り、睡眠不足により日中に十分に活動できなくなるようなことが減ります。私たちがいかに睡眠不足に陥っているか、そして健康機能を維持するために睡眠がいかに大事であるかを考えると、これは非常に重要なことです。睡眠不足の社員が会社に利益をもたらすという研究結果は耳にしません。

感謝は職場でもその他の場所でも、幸せになるためのカギです。幸せを築くための、身近で容易に実行できる手法です。個々人をより幸せで健康にすることは、幸せで健康な職場をも生み出していきます。これだけでも大きな意味がありますが、もう一歩踏み込んで言うと、感謝の気持ちを持った人たちは、皆が憧れる職場環境へと導く生き方をしているとも言えます。組織では、職場の文化が搾取、不平、権利の主張、ゴシップ、ネガティブさといった毒を含んだものになっていることがあります。感謝を持って生活することは、これらの症状に対処することとなります。喜び、熱意、楽観といった職場に有益なポジティブ感情を生み出し、ねたみ、恨み、貪欲といった破壊的な衝動を減らします。従業員のウェルビーイングを考える立場の人であるなら誰しも、感謝を見過ごすことはできません。

神学者のディートリッヒ・ボンヘッファーは次のように述べました。「普段の生活の中で、私たちは、自分が与えるよりもはるかに多くのものを受け取っていることにほとんど気づきません。また、感謝してこそ人生が豊かになることにほとんど気づくことはありません。」感謝は人を元気づけ、鼓舞し、変化をもたらします。感謝の気持ちがなければ、人生は孤独感に陥り、憂鬱《ゆううつ》で、貧しくなります。やる気をなくすような状況でも、感謝があれば活力がもたらされます。打ちひしがれた時も、感謝があれば癒やされます。絶望に直面する時も、感謝には希望をもたらす力があります。私は、感謝することは、人生に対する最高のアプローチだと信じています。人生が順調な時には、良い事象を祝福し、その詳細をしっかりと捉えることができます。一方、人生がうまくいっていない時には、人生をより広く全体性を捉える視点が得られ、一時的な目前の状況に圧倒されないように導いてくれます。

これからお読みいただくように、感謝があれば人生は実に豊かになります。本書を翻訳するとともに、感謝の科学と実践を日本に普及してくれた中村浩史氏に深く感謝いたします。まさに今、世界規模で「感謝の復活」や「感謝の大変革」が起こりつつあります。学校や医療機関、職場では、個人が育ち集団が繁栄する上で感謝が欠かせないという認識が高まっています。このような認識は、それ自体が重要であるだけでなく、世界的なムーブメントに育つのを後押しするものです。こうした勢いを生むのは情報ではなく、熱意やひたむきさでしょう。世界規模での感謝のムーブメントに火をつけることができるのは、感謝を持って生きることが人生をより有意義で充実したものにすると見いだした中村氏のような人々の熱意なのです。読者の皆さまにも、感謝の心が人生に与える癒やしや活力をぜひ見いだしていただきたいと願います。

2021年4月

ロバート A. エモンズ

カリフォルニア州デイビスより

はじめに

あなたはこんな見出しを目にしたことはありませんか？

「もっと幸せになりたい？ それならもっと感謝しなくちゃ！」
「幸せの法則――感謝の気持ちがお役立ち」
「感謝を教えること。それが子どもたちに幸せをもたらす」

私が個人的に気に入っているのが、これです。

「幸せへのカギは感謝です。カギを持たない男性は締め出されてしまうかも」

米国では、ポジティブ心理学における研究の後押しもあり、幸福産業が活発です。先に挙げた各見出しは、はっきりとした仮定、すなわち「幸福を促進するための12ステップ」「30日間」「10のポイント」といったプログラムの一部として感謝があるべきだという仮定に基づいています。

現代では、感謝は道徳的な基盤から離れてしまっており、その結果、私たちは、あまり好ましくない状況になっているようです。古代ローマの哲学者キケロが「感謝とは美徳の女王である」と述べた際、感謝が、個人的幸福への単なる足掛かりに過ぎないとは意図していませんでした。

感謝は道徳的に複雑な特質を持っており、単に自分の気分を改善するためのテクニックや方略へとその価値を減ずるのは、感謝を誤解することと言えます。

感謝を内面の気持ちにとどめておくことさえ、不十分です。思想史において、感謝はそれ自体が有徳であるだけではなく、社会にとって価値ある行動、つまり「恩に報いる行動」であると見なされています。報いることは、正しい行いなのです。

キケロは『義務について』と訳された本の中で「親切を返すこと以上に必要な義務はない」と書いています。[1] キケロと同時代のセネカも、「感謝を持って恩恵を受け取ることは、その恩義の最初の返済になる」と述べています。[2] どちらも、恩に報いる感情が特に重要だとは捉えていませんでした。

一方で、「恩知らず」は悪徳のごとく取り扱われてきました。感謝が美徳であること以上に、恩知らずは悪徳である、と。ドイツの偉大な哲学者イマヌエル・カントは、「恩知らずとは卑劣さの本質だ」と述べ、デービッド・ヒュームは、「人が犯すことができる最も恐ろしく人道にもとる犯罪が、恩知らずである」と述べました。[3]

でも、誤解しないでください。感謝は幸せになるためには大切です。過去10年間、感謝とウェルビーイング（身体的、精神的などにおいて良好な状態）に関する科学文献を投稿してきた者として、間違いなく私はそう思います。

現代科学で使われるさまざまな技術や手法のおかげで、感謝とは一体どのようなもので、人間が繁栄するのに感謝がいかに重要であったかという理解が深まりました。幼年期から老齢期までのエビデンスが蓄積され、私たちは心理的に、身体的に、そして他者との関係において、多岐にわたり、感謝から恩恵を受けていることが示されています。

一方で、「感謝のライト版」とでも言うべきアプローチを取ることで、私たちは感謝を軽んじてきたと、私は捉えるようになりました。「感謝のライト版」は、感謝の複雑性を適切に捉えているとは言えません。感謝が重要であるのは、私たちの気分が良くなるのを促すだけではなく、良いことを行うように示唆してくれるからなのです。

感謝はさまざまな方法で人生を癒やし、活気づけ、そして変容させ、「徳は、それ自らが報いである」の言葉どおりであり、また、他の報酬をも生み出します。これらの研究知見からうかがえることは、感謝する資質は、共感、赦《ゆる》し、他者を助ける気持ちなどの特質に明らかに結びついていることです。例えば「感謝する資質がある」と自己評価した人は、自分にはより社会的に貢献する特性があると見なし、1カ月以内に、友人に共感的な振る舞いや感情的なサポートを行うとしています。

私たちの行った研究では、日常の中で恩を感じたり、感謝の意を表したり、ありがたく思っていると答える人たちは、同時に、愛情や赦しの心、喜び、意欲を、一層感じています。とりわけ、感謝を実践している人たちは、より援助的で、外交的、楽観的で信頼できると、家族、友人、パートナーといった周囲の人たちから一貫して報告されています。

キケロ、セネカ、カント、ならびに他の哲学者たちは、現代の社会科学が示していることをずっと以前に分かっていました。感謝することで、人々は、これまで見ていなかったものごとに目を向けるようになります。互恵的な関係を支える、より大きく入り組んだ人脈の一部として自身を捉えるようになります。こうしたことから感謝は、他の社会的感情と同様に、関係性を整え強化するよう機能します。感謝には、活力を与え、やる気を起こさせる特質があります。

ポジティブな心の状態は、ギフト（贈り物）を渡すという前向きな行動を生み出します。このように、感謝は、「受け取る」と「与える」の間の動力をつなぐ重要な役割を担っています。受けた親切への単なる対応だけでなく、受けた側が次に善意の行動を起こすことを動機づけます。

古代より、感謝という美徳は人間の本質をめぐる議論の中で、中心的な役割を果たしてきました。しかし今日、幸福以外では、感謝の利点はほとんど議論されていません。

確かに、現代の米国社会では、美徳としての感謝の重要性は看過され、見下され、さらには、けなされることさえありました。アスリートや著名人が神に感謝する姿が、皮肉な目で見られることもあります。感謝をテーマとした現代の社会科学研究は、どう行動すべきか、どのような人であるべきかという、長年にわたる倫理的な疑問に対する回答に、どのような情報を提供できるでしょうか？　感謝は、良い人生を生きる上で不可欠なのでしょうか？「感謝の気持ちが目的意識を高める」、「感謝をより感じられる10代の若者は、鬱《うつ》になったり非行に走ることが少ない」、「感謝は寛大な贈り物につながる」、「感謝は効果的である！　感謝が企業の社会的責任をいかに促すか」といった見出しを見るのは、どれほどの励みとなるでしょうか？

こういったことに沿った研究が現在進行中であるとともに、さらなる研究が必要であるとお伝えすることが励みです。そうしてはじめて、現代の研究は古代の道徳主義者たちのまさに時代を超えた洞察に追いつくことができるのです。

本書で伝えたいこと

感謝は「美徳」であるため、感謝する自分を育むには、少なくとも、最初に精神的な訓練をすることが求められます。美徳は簡単に得られるものではなく、ある意味では、私たちの元来の傾向に対峙《たいじ》するものとして機能します。だからこそ、私たちは美徳を必要とします。

これは感謝のパラドックスです。人生の中で感謝を養い、感謝を培った生活態度になることで自分たちが豊かになるのは明らかなのですが、実際にそれらを実現するのは難しいことがあります。人生を歩む上で感謝の気持ちを育て維持することは「言うは易く行うは難し」です。いくばくかの現実的な努力なしに、感謝という選択をすることは稀《まれ》です。

ただし、感謝に関する科学的知見を自身のために活用することはできます。自己ガイド型の日記を書く、内省的思考を取り入れる、手紙を書く、感謝の訪問などといった多くの根拠に基づいた方法は、感謝の気持ちを喚起し維持するのに効果的であることが示されています。これらの実践については、後の章で説明していきます。

こうした方法を実践することで、あなたは感謝することがより上手になっていくでしょう。感謝の気持ちを自ら選択するたびに、次の選択をする際に、簡単に、より無意識に、より自発的にできるようになっていくでしょう。そうすることで、私たちは、人生が提供する充実感や豊かさといった無限の可能性へと心を開いていきます。

これらの実践の中核となるのは記憶です。感謝とは記憶することと言えます。一部の人たちが主張するように、現代の生活において、感謝が危機に瀕《ひん》しているとしたら、それは私たちが全般的に忘れっぽいということです。

私たちは、自分たちが現在享受している自由に対する大きな感謝の念を失っています。それは、自由のために戦い、命を失った人々への感謝の欠如であったり、私たちが所有する物質的なものへの感謝の欠如であったりします。さらには、私たちは異なった状況であることを覚えておくことはできないので、自分たちが忘れっぽくなっていることすら認識していません。自分たちへの恩恵を忘れさせる心の装置は隙間なく作動しているため、それが作動していることすら私たちは分かっていなかったりするものです。

一方、感謝する人々は、自らの手で勝ち取ったわけではなく、また過分なありがたい恵みをしっかり受け取った側であるという、肯定的な記憶を活用します。これは、宗教的伝統が効果的に感謝を育むことができる理由でもあります。思い出すことは感謝を促すものであり、宗教ではよく行われます。聖書、格言、信仰の秘跡（宗教的儀礼）といった伝統的なものは、最高の存在、すなわち神との関係に関する記憶や、信仰コミュニティのメンバーとの関係についての記憶によって、信者の感謝の気持ちを育みます。

フランスのことわざでは、「感謝は心の記憶である」と表現されます。心の記憶には、私たちが他者に助けられた思い出も含まれます。私たちは、他者から与えられた恩恵を覚えておきたくなかったり、もしくは覚えておけなかったりするものです。そのため、他者に助けられたことを忘れてしまいやすいのです。

感謝できる人になりたいですか？　それならば、ぜひ覚えておくようにしてください。本書では、感謝できる自分になるための方法をご紹介いたします。

目次

第1章

感謝への
チャレンジ

Gratitude works！

1

クララとの出会い

時折、感謝の利点を記した私の研究を知って、感謝をさらに大事にする生活をしていきたいという気持ちになった方々から、お手紙をいただきます。そんな中、2011年1月下旬にフロリダ州オールズマー（タンパという街の郊外）に住むクララ・モラビトから受け取ったメールほど、私に衝撃を与えたものはありません。

彼女は私に連絡をくれ、些細《ささい》なことに見えるかもしれないけれども彼女の人生を大きく変えた2つの事柄を教えてくれました。その1つが、数年前の誕生日の直前に彼女が作った「I Choose（私は選ぶ）」というタイトルの詩でした。

私は幸せになることを選びます
私は感謝することを選びます
私は気遣うことを選びます

そして常に思慮深くいること。

私は無事でいることを選びます
私は元気でいることを選びます
私は健康であることを選びます
いつも。

私は忍耐強いことを選びます
私は強くいることを選びます
私は穏やかでいることを選びます
一日中、ずっと。[1]

シンプルな言葉ですが、その効力はクララの人生において驚くほどのものでした。クララは、1日2回、朝食前と夕食前に瞑想《めいそう》し、いつもこの詩で瞑想を締めくくります。就寝直前も、彼女はその日がどれほど素晴らしかったかを振り返り、感謝します。

健康への努力もありましたが、彼女は、生活における活力やポジティブな見方は、日々、これらの肯定的な言葉を朗読することによるものだと考えていました。クララが言うには、詩を朗読することで、強い気持ちや健康、そして穏やかさが保持され、自身でそれを書いて以来、大きな病気にかかっていないそうです。

彼女は歩行補助を使わないと2歩も歩けませんが、彼女のエネルギーには限りがありません。クララがお世話になっている医師は、その詩に非常に感銘を受けました。医師は、詩をコピーして額に入れ、診察室に飾りました。さらには他の患者にもコピーを配りました。クラはメールの最後に毎回、自身の署名とともに次の言葉で締めくくります。「感謝と喜びと愛を込めて。クララ」

なぜクララは、わざわざ私に手紙を書いたのでしょうか？ 彼女の人生を変えた2つめの事柄とは、私の本『Thanks!』（邦題『Gの法則』）を読んでくれたことです。

クララは、聖職者であるアビ・ジャナマンチを通じて、本の存在を知りました。アビは、クリアウォーターでユニテリアン・ユニバーサリスト会衆を率いており、感謝祭に備え、精神的な実践としての感謝の研究をしていたのです。40代になってから大学で学び始め、56歳で優等学位を取得した生涯学習者であるクララは、私が引用した一連の研究――感謝を実践することによる精神的および身体的健康の利点を記したもの――に、感銘を受けました。

クララは長期にわたる感情的な落ち込みを3回経験していました。最初は50代後半、次に70代半ば、最後は80代半ばです。それぞれ、身体的な病気によるもので、3カ月ほど続いたそうです。クララは私の本を読み、感謝することがなぜ効果的であるのかを理解しました。特にクララの心に響いたのは、「感謝は選択するものだ」という私の主張でした。

感謝は、彼女がこれまでに行った最も重要な選択の1つであったのではないかと思います。処方された薬を飲むだけでなく、感謝の実践を取り入れることで、自らの生活が変わっていったとクララは確信しています。クララは、日々、本当に幸せで人生に感謝しており、さまざまな活動で出会うすべての人に対して、感謝が持つ力について広めたいという「強い願い」を持っていると伝えてくれました。

彼女は92歳（※2013年発行当時）で、若く、感謝の力のまさに生き証人です。彼女の住む地域では講演者としても高い評価を得ており、「感謝を通じて長生きする人生」と題した講演を行っています。

クララが示すように、感謝は人生における重要な要素の1つであり、クララの体験をサポートする研究は数多くあります。臨床試験では、感謝の実践が、人生における劇的かつ持続性のある効果を与える可能性が示されています。血圧を下げ、免疫機能を改善し、幸福やウェルビーイングを促進し、手助け、寛大さ、協力行動を促進します。[2]

他人の親切を受け入れて喜ぶことから生じるのか、自然の荘厳さを感じることから生じるのか、自身の人生の中で受け取る贈り物を認識することから生じるのか、または、他の無数の魅力的な瞬間から生じるのか。どこから生じているかにかかわらず、人が経験するほとんどすべての領域を、感謝はさらに充実させていきます。目に見える利点や恩恵を生み出す能力をしのいで、人々はシンプルに感謝の気持ちそのものを大切にします。人生の中での最高の瞬間には、自分自身が多くの恩恵を受けた存在であると感じられた瞬間があります。

時代を超えて、あらゆる文化で、さまざまな方法で、私たちは同じ基本的メッセージを繰り返し勧められてきました。すなわち、人生の贈り物に感謝して生きること、親切にしてくれる人に感謝すること、当然のことと思わないこと、そして、恩知らずの非難を何としてでも避けることです。

しかし、本当に、感謝の感情や態度は、私たちが想定しているほどには広まってはいません。あなたを支援しようとわざわざ動いてくれた人に対して、あなたが最後に、心を込めて感謝の手紙を書いたのはいつでしょうか。

私たちは、自分の生活が他の人たちに支えられていると分かっています。身近な人や遠く離れた人、生きている人や亡くなった人、親しい人や親しくない人といった人たちに支えられています。

ただし、このことを自覚し認識していくためには、心掛けが欠かせません。私たちは他人のことを考える前に、まずは自然と自分自身のことを考えるものです。そのため、私たちが、享受してきた多くの恩恵に対して感謝するのはほんの束の間になりがちです。感謝するかどうかは、人生への向き合い方よりもむしろ、外界の出来事に対する私たち自身の捉え方次第であることが多いものです。

人生における厳かな1つひとつの瞬間に意識を向けていくことで、自然と私たちの周りに存在するさまざまな恩恵に、再度意識を向けられるようになります。

私たちの多くは、人生が計画どおりに進んでいる時は、比較的その幸せに感謝しやすいもののはずです。しかし、そんなことは通常ほとんどありません。人生の基本的な贈り物を脇に追いやり、見落としたり、当たり前のように受け止めたりすることが多くあります。

一方で、悲劇や危機に見舞われた際、その状況が思ったほどは悪くはなかったと判明した時に、安堵《あんど》して感謝したり、命を脅かす可能性のある出来事を避けられたことで感謝の感情が高まることがあります。ただ、いったん危機が過ぎ去ってしまうと、人は、感謝とはかけ離れた自己中心的な思考や行動パターンに陥りやすいことも研究で明らかになっています。

多くの人は、他者が自分に親切にしてくれた時に感謝すべきであることを直観的に知っています。また、感謝の気持ちを感じている時に、私たちは自身の働きがかなり良いことも分かっています。

にもかかわらず、私たちは日常生活を営む上で、一貫して感謝しようとしないのはなぜでしょうか？　心から純粋に感謝することは、多くの人にとってなぜ一時的なものになってしまうのでしょうか？　私たちの中に組み込まれた縛りのようなものがあるのでしょうか？

私たちの心には、インプットしたものをネガティブなものとして認識する傾向があります。言い換えれば、状況や周囲の人々、その日の出来事に対して、私たちが気づき、反応し、意識を向けるのは、多くの場合うまくいっていることではなく、むしろうまくいっていないことの方です。

神経科学者のリック・ハンソンのたとえを用いれば、私たちの心はネガティブな情報については「ベルクロ」(面テープのようにくっつく)ですが、ポジティブな情報については「テフロン」(フッ素樹脂のようにくっつかない)です。[3]

感謝を持続させるためには、この組み込まれた捉え方は何の役にも立ちません。この捉え方は、私たちがいら立つことをくどくどと言うにはちょうどよいのでしょうが、人生の恵みを無視したり、当然と考えてしまったりする方向へと、私たちを導いていきます。

この問題は、生物学的というよりも、根本的にはモチベーションや固定化した思考パターンに本質的には関わることではないかと思われます。2000年頃から科学的に感謝を研究してきた私としては、精神状態や感情をマネジメントするスキルが根本的に欠如していることこそ、主要な要因だと結論づけています。[4]

私たちが積極的に日々の体験を感謝で満たそうとしないのは、つまるところ、その方法を知らないからです。私たちは皆、実際にはあらゆる瞬間を感謝の気持ちに変えるツールを持っています。ただ、時にはこれらのツールを置き忘れ、また時には日頃使っていないために錆《さ》びさせています。感謝のツールを再発見し、それを研ぎ澄ますことを学ぶことができれば、目覚めている間のほぼすべての瞬間は、感謝を実践する機会だということに気づくでしょう。

感謝が重要なことは明らかですが、では、どうすればもっと得ることができるでしょうか？　科学は感謝を持続的に生み出すための最良の方法を明らかにし始めていますが、この情報はいまだ多くの人に伝えられていません。それがこの本を書く私の目的です。

私たちがやるべきと知っていることと、実際に行動を起こすこととの間にはしばしば隔たりがあるものです。心理学者はこれを「知識と実行のギャップ」と呼びます。同様に、私たちが感謝するべきであると知っていることと、通常どのように感謝するかの間にも溝があります。自分がやるべきだと分かっていることや、やりたいと思っていることでも、それに従って行動できずに終わるということが多いのは、憂鬱な現実です。

使徒パウロは、自分が何をしているのか理解できない、と告白しています。

私は、自分のしていることが分かりません。自分が望むことを行わず、かえって憎んでいることをしているからです。もし、望まないことをしているとすれば、律法を善いものとして認めているわけです。ですから、それを行っているのは、もはや私ではなく、私の中に住んでいる罪なのです。私は、自分の内には、つまり私の肉には、善が住んでいないことを知っています。善をなそうという意志はあっても、実際には行わないからです。私は自分の望む善は行わず、望まない悪を行っています。

（『新約聖書』ローマ使徒への手紙 第7章15〜19節）

人は皆、事実上、人生のどこかの時点で、理想に沿った行動を取り損ねてしまいます。感謝を公言していても、自分の中に「自分にはそうされる資格がある」という気持ちが充満していることに気づくかもしれません。

私はもたらされた恵みを数える代わりに、人生をたびたび台無しにする方法を連ねたリストを心の中に（無意識であったとしても）持っています。私は自分の子どもたちにお礼状を書くように勧めても、私自身は書かないかもしれません。私は感謝について講義をしたり記事を書いたりしますが、聴衆や編集者に感謝することを忘れてしまうこともありうるのです。

感謝を効果的にするには、感謝を阻む障壁を特定し、それらを克服するための実践的な方略を練る必要があります。感謝の態度と実践を成長させるような進歩は、決して保証されているものではありません。

本書は、実践するためのものです。感謝へ向けて、あなたの心を成長させ行動を導く具体的なことを扱います。私は、「感謝を育てる」という有機的な比喩が、この性質の基本的な真理を伝えるには効果的だと分かりました。

それは感謝する資質を養うことであり、その資質を深く根づかせうるものです。実践を通して、あなたという土壌から感謝は育ちます。感謝の気持ちは、一度埋もれてしまっても、気づき振り返る時間があれば、表に出すことができるようになります。

ロシアのことわざでは「感謝は古い友情に水をまき、新しい友情を芽生えさせる」と言います。[5] 感謝は心の肥料のようなもので、つながりを広げ、経験するほぼすべての場面でその働きをさらに向上させます。本書では、あなたに、感謝を育てるためのツールを多く提供します。

私は自著『Thanks!』（邦題『Gの法則』）の中で、伝説の投資家であり慈善家であるジョン・テンプルトン卿が「世界中の60億人の人々が感謝を実践していくために、私たちはどうすればよいか？」という疑問を投げかけたと述べました。[6]

２００８年にジョン卿が亡くなって間もなく、義理の娘であるピナ・テンプルトンは、彼の個人的な書庫から珍しい文書を発見しました。それは、短い手紙であり、１９６２年に郵送された家族のクリスマスカードに添えられていたものでした。近頃の手紙は、子どもたちの特技や家族の休暇を披露するような使い方をしますが、ジョン卿の手紙は、心は庭のようなものであり、自分で庭の手入れの責任を負うことを心掛けるようにと、読む側を奨励するような内容でした。

あなたがコントロールしない場合、それは雑草が生える区画となり、恥や惨めさのもととなります。あなたが賢明にコントロールするなら、それは神の奇跡で満たされ、言葉では言い表せないほど美しい場所になります。どちらを選択するかは自由です。どうすればそんなことができるでしょうか？　例えば、シンプルに、植物を眺めるのと同じように、１つひとつの考えを眺める習慣を身につけましょう。価値のあるものであれば、あなたの心に望む計画に合致するものであれば、育ててください。そうでない場合は入れ替えましょう。

あなたの心からどうやって取り除きましょうか? それは、その場所に2~3の愛や祈りを込めた考えを置くことです。どんな心も一度に2つ、3つ以上の考えを住まわせることはできないものです。あなたの心という庭の外にある状況が、あなた自身を形作ることはありません。あなたが心を形作っているのです。例えば、あなたが裏切りを想定し、その考えがご自身の心に宿るのを許すならば、それを得ることになります。愛で心を満たせば、あなたは愛を与えるとともに手に入れます。

神のことをあまり考えなければ、神はあなたから遠く離れるでしょう。神をよく考えるならば、聖霊はあなたの中にもっと宿ることになります。世界の素晴らしさはすべての人に開かれています。ただし視線を向けて見える人もいれば、見えない人もいます。

庭は1日では作られず、神はあなたにその仕事をするように一生を与えました。あなたの庭、すなわち心をコントロールすることは、他者があなたに残してくれた知恵を実践し、研究することで成長します。自分の庭すなわち心の中に、他に類を見ないほどの美しいものを作り出す人は、その種を他の人に与える義務があるかもしれません。あなたの体があなたの心の宿る場所であるように、あなたの心はあなたの魂の宿る場所です。あなたが育む心は、地上におけるすべての日々のすみかであり、地上で育む魂は、永遠にあなたが背負い続ける魂なのかもしれません。神はあなたにその選択を与えました。[7]

私が望むことは、感謝する思考を形作り育てるために必要なガーデニングのツールや、恩知らずの草をむしっていくために必要なツールを、本書を通じて皆さんに提供することなのです。

Gratitude works !

2

感謝を育むための実践

自著『Thanks!』（邦題『Gの法則』）で紹介したように、人々が定期的に感謝を育むと、心理面、身体面、対人面、および精神面に多くの利点を体験することが、先駆的な研究で明らかになっています。感謝の気持ちは、精神的な健康や人生への満足感と強い結びつきがあります。楽観主義、希望、思いやりにも勝ります。感謝する人々は喜び、熱意、愛、幸福、楽観主義などのポジティブな感情をより経験し、感謝は嫉妬、憤り、貪欲、苦しさの破壊的な衝動から私たちを守ります。

感謝の気持ちを経験する人は、日常のストレスに効果的に対処し、トラウマに起因するストレスに直面しても回復力が高く、病気からの回復が早くなり、身体の健康をより強固なものにすることができます。これらの効果の多くは定量化できるものです。

感謝の効果についての目を見張るような統計値を見てみましょう。感謝の日記をつけている人は、つけていない人と比較して、25％多く幸せを感じ、毎晩1時間30分以上多くの睡眠をとり、毎週33％多く運動しています。高血圧の人は収縮期血圧を10％低下させ、食物脂肪の摂取量を最大20％減らすことができます。[8]

感謝の気持ちを体験することで、つながりの感情が高まり、人間関係が改善され、利他主義さえも生まれてくるものです。また、感謝の気持ちを人々が感じると、愛情が増し、より寛容になり、神が身近にいるように感じます。さまざまな方を対象に実施した数十にもわたる調査研究により、感謝を実践することが以下の諸事項につながることが明らかになってきています。

- エネルギー、注意力、熱意や活力などが高まる
- 自分で設定した目標の達成に成功する
- ストレス対処が改善、向上する
- トラウマの記憶が終結する
- 自分には価値があるという感覚や自信が高まる
- 強固で安全な社会的関係を築く
- 寛大になり、他者の役に立つ
- 喜ばしい経験がもたらす楽しさが持続する
- 迷走神経の調子が高まり心臓の健康が増進する
- 目的意識や回復力が向上する

感謝を実践することに関するエビデンス（証拠）は、広く受け入れられている見解――すべての人々は、幸福を感じる上でのリセットできない設定点や気質を有している（生まれついた運によって、最初から幸せな人がいる一方で、最初から不幸せな人がいる）――と矛盾しています。

幸福に関する科学的知見を踏まえると、この設定点に関係なく、私たちは自分自身の幸せについての感覚に対してさまざまに対処できることが分かってきました。本章の冒頭でご紹介したクララのように、感謝する気持ちが人生を大きく変えることにつながったというケースの報告がいくつもありました。

全般的に見て、感謝の実践が過去を癒やし、現在に満足をもたらし、未来への希望を届けてくれることで、私たちの人生の幅をより一層広げることが、科学では確認されています。

私は、考えや気持ちを系統的に紙に書き出し恩恵を数えるという感謝日記を、研究手法として率先して活用しました。このエクササイズは、私たちの生活の中で起こるさまざまな出来事に対する全体観やコントロール感を取り戻せるように、熟考したり内省したりすることを促します。

８歳から80歳までの数百人が、制御された実験条件下で感謝の記録を実践しました。そして、何が効果的で何が効果的でないかに関する科学的な証拠が出てきました。本書では、これらの研究を通じて得た洞察を活用します。

感謝日記といった手法はあまりにも一般的で明らかなものであるため、さらなる説明は不要だと言われるかもしれません。恩恵を数えること自体は、陳腐でつまらない活動だと捉える人もいます。私は感謝に関する文献で最近報告された、自明でもなく直観に反するような多くの研究結果に基づいた上で、これらの主張とは異なる立場を取ります。[9]
以下のことについて考えてみてください。

・感謝日記では、定期的（例：毎日）に恩恵を数えるよりも、時々（例：週2回）恩恵を数える方がウェルビーイングを高めることもあります。時には少ない方が良いこともあるのです。こうすると、感謝疲れを避けることができます。
・悲しみや失敗、その他の痛みを伴う経験を思い出すことが、成功したことだけを思い出すことよりも、感謝の気持ちを高めるのに役立ちます。運命の逆転、すなわち難しい局面を乗り越えた時の人生の転換は、感謝の気持ちを活性化させます。かつて乗り越えられなかった問題を打開したことを思い出し、感謝します。
・前述した例として、人の死について考えること（通常は楽しい経験として見られていない）は、感謝の気持ちを増加させます。死を想像することで、人々の感謝のレベルが上昇し、同時に不幸に感じるレベルが全般的に低下します。
・とても楽しい体験がまさに終わろうとしていることに気づくと、それに関連した感謝の気持ちが高まります。例えば休暇について言うと、職場に戻った時にあなたを待ち構えている仕事を心配するのではなく、今、続いている休暇の最後の数日間を本当に満喫するといったことです。

・あなたの人生におけるポジティブな事柄がなかった場合を想像することで、ポジティブな事柄が存在していることを思うよりも、感謝や幸せな気持ちが生まれてきます。もし現在の配偶者と出会っていなかったら、あなたの人生はどうですか？今いる近所の人たちが、もしいなかったとしたら？今は仕事上の仲間だけれども、あの時飛行機の機内でたまたま出会い、知り合うことがなかったならば？といったことです。

・もの寂しく憂鬱な映画を見ることは、コメディを見ることよりも、現実の生活の中でより喜びや感謝を感じることにつながります。

感謝は、私たちが考えるような方法だけで機能するのではなく、また私たちが考えるような根拠に沿ってだけ機能するのではないのです。私自身、これらの研究結果を、必ずしも予測していたわけではありませんでした。これらの結果はすべて、制御された実験によって検証されているものです。このような驚くべき研究結果を活用しながら、本書を通じ、感謝の性質と感謝を育てるより良い方法について、あなた自身が改めて認識を広げていかれることを願っています。

ここにあるアイデアをご自身で試してみることで、本書を最大限に活用できるでしょう。本書の最終章（第7章）では、21日間の感謝チャンレンジのエクササイズをご案内しています。日々の感謝日記の研究によって、個人の意義ある変化が生じるのに3週間で足りることが示されたため、私は21日間という期間にわたる実践プログラムを組み立てました。

21日間の終わりには、自身が活力を感じ、鼓舞され、感謝を実践することが生活の一部になるよう、より動機づいていることに気づくでしょう。あなたの周囲の方々は、あなたがより良い方向へ変化していることに気づくかもしれません。あなたはもっと良くなるでしょう。そして、それはすべて、あなたがご自身で成し遂げることになるのです。

Gratitude works ! 3

感謝する性質を高める

21日間は、あなたの人生観を根本的に変化させるには、十分な日数ではないかもしれません。しかし、感謝の気持ちを持って成長する上での道筋をつけることができます。

感謝を一時的な体験として終えることと、持続的に感謝することとは異なります。そして、感謝には、層やレベルがあります。瞬間的に感謝することは、研ぎ澄まされた感謝する性質を持つことと同じとは言えません。

感謝する性質が高い人は、人生の中で何がうまくいっているのかに気づきやすく、他の人が良いことに果たした役割が見え、言葉や行いを通して他者に感謝の気持ちを表します。彼らは、物事を当たり前と考えません。そして、気づき、深く感謝し、コミュニケーションを取るといった各スキルを養っています。感謝する性質が高い人は、次のような言葉に大いに賛同するでしょう。

・生きている日々に深く感謝することが重要だ
・私は、他者の努力のおかげで自分の人生がどれだけ楽になったかをよく振り返る
・私にとって、人生は義務や重荷といったものではなく、ありがたい贈り物だ
・1年の中で、好きな期間に感謝祭がある
・基本的に私は親から受けた養育に非常に感謝している
・多くの人の助けがなければ、今日の自分はなかっただろう
・悪いことが起きた際にも、そこから感謝する理由を見つけることもある
・何かの美しさや畏怖の念にとても感動した時に、感謝の気持ちを感じた
・感謝していることをすべてリスト化しなければならないとしたら、それは非常に長いリストになるだろう
・助けてくれた方々に感謝を表現することは難しくない

第7章には、自分の感謝のレベルを測ることができるチェックリストがあります。感謝している人とそうでない人の違いを説明するために、状況にとらわれることなく、常に深い感謝の心を持っていると思われる子どもボーと、好意を受けた際、最高の状態でも不平を言いながらやっと「ありがとう」を言うナサニエルを比較します。

質という観点から言えば、ボーとナサニエルは、感謝についてはっきりとした違いがあるこ

とに、多くの人が同意するでしょう。それぞれの誕生日パーティーで、ボーは、1つひとつのプレゼントをゆっくりと開けていきながら、その体験を味わい、プレゼントの贈り主に喜びあふれた感謝の言葉を贈ります。

対照的に、ナサニエルはプレゼントの山に対して、包装紙を猛烈な速さで引き裂き、最後の1つを開けた後も、他にもないかと周囲を見渡します。人生の比較的早い段階でさえ、感謝する状況への反応の違いが明らかです。

ナサニエルが恩知らずだと言ってしまうのは公平な態度とは言えませんが、与えられたものにどのように反応するか、2人の人生に対する非常に異なったアプローチがあることは明らかです。人生はそのほとんどが、与えたり受けたり、受けたことへ返すことであったりするため、基本的なこの対応の方向性が、ボーとナサニエルをかなり異なる結果へと導くことが考えられます。

どちらが幸せになるでしょうか？ より活気に満ちているのは？ より好かれるのはどちらでしょうか？ より良い人生はどちらでしょうか？ 満たされるにあたり障害が増えてくるのはどちらでしょうか？ 第6章では、感謝の障害となるいくつかの事項とその克服方法を扱います。

ボーとナサニエルは、感謝する性質のさまざまな側面でも異なります。私は同僚と共に、感謝している人を特徴づける感謝の4つの側面を捉えました。

感謝する性質についての最初の側面は、感謝の「強さ」と呼べそうなものです。感謝する性質を高く持つ人がポジティブな出来事を経験した場合、同じ出来事を経験した感謝する性質の弱い人よりも、より強く感謝を感じることが予想されます。

第2の側面は、感謝の「頻度」と捉えられそうなものです。感謝する性質の高い人は、1日に何度も感謝を報告することがありますし、些細な好意や礼儀作法でさえ、感謝の気持ちが湧いてくるでしょう。

逆に、感謝する性質があまりない人にとっては、そのような好意や礼儀では感謝を感じないでしょう。その結果、感謝する性質が低い人は、ある一定の期間（例えば、数時間、数日、または数週間）内に感謝を経験する機会がより少なくなる可能性があります。

感謝する性質の3番目の側面は、感謝の「範囲」と呼ぶのが良さそうなものです。これは、所定の時間に人が感謝する、生活環境の数のことです。感謝する性質を高く持つ人は、他の幅広い恩恵とともに、家族、仕事、健康、生活そのものといったことに感謝を感じるでしょう。感謝する性質が低い人は、生活環境の中で、これほどは感謝を感じることはありません。

感謝する性質の第4の側面は、感謝の「密度」と呼んで良さそうなものです。これは、ある1つのポジティブな結果や生活環境について感謝していると感じる人の数のことです。

ある物事の結果について、例えば良い仕事を得たという結果があるとした場合に、誰に感謝するのかを尋ねられたら、感謝の「密度」が高い人は、親をはじめ、小学校の先生、家庭教師、メンター、学友、神などを含む多くの名前を挙げるでしょう。感謝の「密度」が低い人は、多くの人に対して感謝を感じません。

あなたが感謝を育むとき、感謝する性質のこれら4側面から捉えることをお勧めします。4側面のうち、高いものはどれで、低いものがどれかを理解するようにしてみてください。あなたにとって、感謝を「強く」感じることは比較的簡単（「強さ」は高い）であるものの、感謝を「頻繁」に感じることは、それほどないかもしれません（「頻度」が低い）。

あるいは、感謝の「範囲」が非常に小さいかもしれません（「範囲」が低い）。私が担当したクラスの一学生は、自身の生活の中で感謝する対象として記載したのは3つのことだけでした。メインクーンキャット（猫の一種）、ラット・テリア（犬の一種）、そして住んでいたアパートメントの3つだけです。あなたがもしこの学生と同じようなら、再考し、感謝の「範囲」を広げるようにしてみてはいかがでしょうか。感謝する内容をもっと見つけていくよう、自分から取り組んでみることをお勧めします。感謝する性質が育まれてくると、あなた自身が全般的に成長していくことにつながるでしょう。

感謝が深く長続きすること、すなわち、普段のありふれた出来事に対するちょっとした喜びであっても楽しむことができる能力は、間違いなく、人間として望ましい特性です。

しかし、感謝は贈り物に対する返答であることが多い中で、実際に性質として育むにはどうすればよいでしょうか？　感謝には、受け取る側へ恩恵を与えるような、もう一人の存在が必要となるのでしょうか？

こうなると、他者が好意を提供するか否かのなすがままの存在になってしまいます。そう考えると、感謝は勇気みたいなものに見えるかもしれません。というのは、勇気を持って行動する、あるいは逆に勇気を持たずに憶病になるのには、適切な機会が訪れるまで待つ必要がある、となるからです。これは一般的に見た場合、勇気という性質を養うことを意味しているわけではないでしょう。

そうではなく、感謝について異なる角度から捉えてみてはいかがでしょうか。感謝とは他者に頼らなければいけないものなのでしょうか。それとも自分の在り方として扱うことができるのでしょうか。いくつかの疑問の中でも、本書では次の諸事項について探ります。

- 「感謝を感じること」から「感謝の性質がある人」になるには、どうすればよいか？
- 快活な性質を持った人や、不安や痛み、この世の別れを直観的に感じない人にとって、感謝は「不公平な」恩恵になってしまうのではないか？
- 感謝を育て養うことを選択することはできるのか？
- 親切に気づきやすくなり、日常を感謝の気持ちで満たされやすくする方法はあるのか？
- これらのことを可能にするメンタルツールとはどのようなものなのか？

最近の研究では、感謝を感じるレベルには遺伝子の影響があることが示唆されています。ミネソタ大学の研究者たちは、感謝の遺伝率を約40％と推定しました。[10]

このことは、感謝は遺伝的要因に影響される可能性があるものの、感謝する性質の大部分は、その人がより個人的にコントロールできる非遺伝的影響によって決定されることをも示しています。

ですから、感謝する性質をもともと持っているかどうかばかりで言えるわけではありません。遺伝的プログラミングは強力とは言えません。自身の生活の中でうまく行っていることに意識を向け、これら良いことに貢献してくれている他者を確認して、言葉と行動で感謝の気持ちを表すように体系的にトレーニングしていけば、すべての人が感謝する性質を手に入れることができます。

本書で提供する実践方法およびガイドラインが、クララ・モラビトの時と同じように、皆さんの人生に良い影響を及ぼすことを願っています。本書の感謝チャレンジを、ぜひ実践してみてください。

第2章

感謝日記を書く

Gratitude works！

1

「感謝日記」がもたらした交流

ポジティブ心理学にはオリンピックはありませんが、もしあったなら、感謝日記は競技の一種であり、ユタ州センタービルのジェーン・ランドールがおそらく世界記録保持者になるでしょう。

数年前にジェーンが私に連絡してくれた時、彼女はすでに18年以上も感謝日記をつけ続けていました。そして「これまでのところ」を数えると、なんと1万８２５６件にもおよぶ恩恵を記録してきたとのことでした。

驚くべきことに、１つの恩恵は、一度しか記録されていません。そうすることによって、非常に具体的に記述したり、些細なことであったとしても恩恵として感謝するようになったようです。例えば「私は今日、生ごみ処理機でスプーンを粉砕しなかったことに感謝しています」といったものです。

ジェーンの日記は印象的でしたが、その記録をさらに脅かすような記録を最近耳にしました。ウェスト・バージニア州の女性が、2万3000件以上のリストを作成しているというのです。

あなたは現在、これらのエネルギーに満ちた日記を書くレベルではないかもしれません。日常のちょっとした恩恵にたくさん気づき感謝を育てていくことは、忍耐強く継続的に実践することによって可能となるでしょう。

ただし前述したお二人とも、特に気楽な生活を送っていたわけではありません。書くことは簡単だったわけでも、自然なことでもありませんでした。ジェーンは何百回も感謝することに疲れ、時には恨みを書き出す方が容易だったと打ち明けてくれました。日記を続ける気が何回も失せました。特に、義理の兄弟が自殺した時は。しかし、彼女はいつも立ち直ってきました。

ウェスト・バージニアの女性は、アルコール依存症の父親と、感情的に離れた母親のもとで育ちました。何年もの間、彼女は、憂鬱な考えをノートに埋め尽くしていました。何度かうつ病で入院し、電気療法を受けたことも2回ありました。それから彼女は感謝日記に出会い、数多くのうつ病に関する本に頼る毎日から抜け出しました。

これらの物語は感動的ですが、珍しいものではありません。私は、何年にもわたって、これらに似た人生を歩んできた人々から連絡をいただいてきました。

そこには、児童虐待を受けながらも生き抜いた人、受刑者、末期がんやその他の健康障害のある人、大規模組織のCEO、医師や弁護士、トラック運転手、母親・父親、教師、牧師、学生、アスリート、民主党員、共和党員、無神論者などがいます。積極的に日記をつけているかどうかにかかわらず、彼らに共通するのは、感謝は効果的だという強い信念です。

私が受け取ったものの中で最も感動的だった連絡の1つは、ミシガン州イオニアのベラミー・クリーク更正施設にいるデマーカス・ベッツからのものでした。ベッツはUSAトゥデイに掲載された私のインタビュー記事を読んでいました。この記事が掲載されてから間もなくして、私は、ベッツからの走り書きに近い2ページの手紙を受け取ったのです。

先生、お邪魔になる形でのご連絡、謹んでお詫《わ》び申し上げます。

私は、2010年11月18日付のUSAトゥデイに先生が「感謝」について語った、短いながらもとても大切な言葉に感銘を受けました。完璧な手紙や人は存在しないと思いますので、いつもの私らしく率直にお伝えします。どうぞお許しください。

「何も期待しないで、すべてに感謝する!」をモットーに、ここ数年間、生きてきました。私は、空を見上げ、太陽の輝きに微笑みかけることができます。どうしてか? 私の人生は、特に、陰《いん》鬱《うつ》で自滅的であり、予測できないような日々ばかりだからです。まあ、それは「常に悪くなる可能性がある!」という事実があるからです。私は、波乱に富んだ自分の人生という旅について、どれだけ多くの出来事があったか──そのほとんどは否定的なものでしたが──本を5冊は書くことができるほどです。しかし、人生について常に私が驚くのは、一般的に逆境は皆、精神的な傷跡を残すということです。

先生、心に留めてください。私は決して（学問的には）賢い人間ではありません。私は高卒資格すら持っていない35歳です。しかし、私は、呼吸するたびに、感謝の念が感じられる素晴らしさを理解しています。それは、宗教的概念や教義に基づくものではありません。正直なところ、私は収監された時に、「宗教を公言する」多くの囚人のようなことはありませんでした。私はただ1つひとつの経験に喜びを感じます。7年、10年、20年のいずれで仮釈放されるかは分かりませんが、どんな明日が来るにしても、今日やることをきちんと行います。それは、すべての一瞬一瞬に感謝するということなのです。簡単で明瞭。先生のような人たちが、私の信念をより一層鼓舞してくれます。[1]

Gratitude works !

2

感謝への道

感謝を養うための最良の方法の1つは、自分が享受する贈り物や恩恵などを思い起こす日々の実践を確立することです。私たちは感謝しているとき、生活の中に良いことの源泉が存在することを認識しています。感謝日記を毎日つけることで、これら良いことの源泉をよく見て、拡大して見るようになります。ありふれた出来事や平凡な出来事であっても、自分の持ち味を思い起こし、出会った大事な人々に感謝する時間を日常的に設けます。こうした時間を持つことで、人生を肯定するスタンスを根本から育み、「感謝」という人生における永遠のテーマをうまく織りなすことができるでしょう。

仏教に精通している米国のジャック・コーンフィールドは『The Wise Heart』の中で、次のように書いています。

感謝は、私たちを支えているすべてに敬意を表すことであり、大小の恵みに対し、一礼するようなものです。感謝の気持ちとは、人生そのものへの自信です。感謝の中に、私たちはまさに歩道の割れ目から草が押し出されるのと同じような、自分の人生を元気づける力を感じます。チベットでは、僧侶や尼僧は、与えられた苦しみにさえも、感謝の祈りを捧げます。「深い哀れみの心と知恵を私の中で呼び覚ますような苦しみがあらんことを」

感謝には、ねたみも比較もありません。感謝の気持ちは、雨や日光の無数の提供、すなわちすべての人の人生を支えるケアを驚嘆の念を持って受け取ります。感謝の気持ちが育つにつれて、喜びが生まれます。[2]

感謝日記は、１９９０年代後半にオプラ・ウィンフリーによって広く伝えられました。そして現在、研究により、何が効果的で何が効果的でないかが、科学的に明らかになっています。

１９９８年に、マイク・マッカローと私は、感謝を実践することの心理的および身体的ウェルビーイングに及ぼす影響を調べるための研究プログラムをデザインしました。

最初の研究では、大学生の参加者の皆さんに、３つのタスクのうち1つをランダムに割り当て、異なる比較条件群を作りました。彼らは「感謝の条件群」「面倒な条件群」「出来事の条件群」のいずれかが割り当てられ、それぞれ「感謝すること」「面倒なこと」「出来事あるいはそれらに影響を与えた状況」について、５つの項目を各1文で簡潔に記載しました。

「面倒なこと」とは、ベビーシッターが見つからない、ガソリン代が高騰している、洗濯をしている、財布をなくした、などの比較的小さな日常的なストレスのことを表します。過去1週間を振り返り、それぞれに該当することを挙げていきます。参加者に対しては、これらの実験に加えて、健康と幸福度のさまざまな指標の測定を週に1回、10週間連続で実施しました。

「感謝の条件群」の参加者は、大切にしている交流、身体の健康への意識、障害を克服すること、そして単に生きていることなど、さまざまな経験に感謝していました。参加者が取り上げた恵みの例として、次のようなものが挙げられていました。

・義理の家族が10分しか離れていないところに住んでいること
・太陽の暖かさを肌に感じることができたこと
・医師が耳垢を取ってくれたこと
・雨が降ってくれたこと
・自分たちにまたひ孫が生まれると聞いたこと
・米国に住んでいるという自由
・家庭内暴力で失った多くのことを思うと、現在の生活や人生がありがたいこと

面倒なことの例は、次のようなものです。

・ルームメートが不潔だ

・母の日のカードを土壇場で買いに行かなければならない
・誰かが私の車のアンテナを折った
・店の通路の真ん中にカートを置きっぱなしの人
・お金を使い果たし、親にさらにお願いしなければいけない

結果は非常に目を見張るもので、発表後にはかなりのメディアの注目を集めました。この研究は、25年もの間に私が発表してきた記事の中で、最も多く引用されたものとなりました。[3]「感謝の条件群」の参加者は、他の条件群の参加者よりも、自分の人生全体についてより良いと感じ、将来に対してより楽観的でした。数字にすると、「感謝の条件群」は、他の参加者よりも、25％も多く幸せを感じていました。「感謝の条件群」の参加者は、併せて、他２つの条件群よりも健康上の不満が少なく、エクササイズにより多くの時間を割いていたと報告しています。「感謝の条件群」の参加者は、エクササイズの時間を30％も多く費やしました。週に１回、恩恵を数えるという単純なことが、感情的にも健康的にも有意義な効果をもたらしたのです。

この研究の参加者は無作為に割り当てられたので、各条件群の結果が違ったことは、各条件群の参加者がそれ以前に持っていた違いが影響したわけではなく、感謝するという行為がもたらした違いであると確信しました。

これらの結果に興味を持ったので、私たちは次に、3週間にわたる日々の感謝の実践を対象とした研究を行いました。[4] 研究では、「感謝の条件群」と「面倒な条件群」を最初の研究そのままに、もう1つの「出来事の条件群」を、「他者よりも自分の方が良いと思うことを考えるように参加者に促す条件群（社会的比較の条件群）」に変更しました。

参加者には、他者と比較して自分が持っている利点や特権について考えてもらいたかったのです。その方が、恩恵を数えるグループとの比較をより厳格に行うことができると考えました。

この研究では、社会的下方比較（自分よりも下の状況にある人と比較すること）がストレスへの対処に効果的だという可能性が示されました。ある有名な研究では、乳腺腫瘍摘出手術を受けていた乳がんの女性は、1つまたは2つの乳房切除術を受けた若い女性と比較することで、ストレスが軽減されていました。[5]

「社会的比較の条件群」も「感謝の条件群」と類似して感謝の気持ちを促していたものの、「感謝の条件群」では、より印象的な一連の効用が見られました。ただし、最初の研究で見られた健康上の効用は、今回の研究では明らかにはなりませんでした。恐らく、私たちの介入期間が短いためだと思われます。それでも、「感謝の条件群」の参加者は、「面倒な条件群」の参加者よりも、喜び、熱意、関心、気配り、エネルギー、興奮、決意、強さを感じていました。

「感謝の条件群」の参加者たちはまた、他者に感情的なサポートや個人的な問題の支援を行い、同情心や思いやり、寛大さを高めていたことも示されました。感謝は善いことを引き起こすという捉え方を、まさに支持しました。

繰り返しになりますが、「感謝の条件群」の参加者たちは、「面倒な条件群」の参加者たちよりも、有意にポジティブな感情を示しました。2回目の研究では、21日間の実践が、週ごとの実践よりも、感謝の気持ちをより一層高めるという証拠までも提示されたのです。

なんと、参加者は研究終了後もずっと感謝の気持ちを記した日記を書き続けており、数カ月後に連絡を取ったところ、研究に参加したことの長期的なメリットについてコメントしてくれました。ある方は、次のように語ってくれました。

「研究に参加していた時は、日々感謝の気持ちを綴《つづ》らなければなりませんでしたが、意識的に人生を振り返ったり、熟考したり、まとめたりすることは、不思議なことに、癒やす力となり、励みになりました。自分の好きな面とともに改善すべき点にも気づきました。自分の感謝のレベルをより意識するようになりました」

感謝を実践することは、それ自体が自律的な行為です。外部からの働き掛けは必要ないのです。感謝日記は、前向きで肯定的な人生体験、そしてその状況を味わうことを促し、そこから最大の満足感と楽しみを引き出すことができます。感謝日記は、私たちに欠けているものから、私たちを取り巻く豊かさへと、意識を移行することを促します。

感謝することは、人生の中の善いことを確認し、認めるよう、私たちを導いてくれます。私たちを取り巻く生活環境に感謝する能力は、ストレスが多い否定的な人生経験を肯定的に解釈し直すことに役立つのではないでしょうか。また、私たちのさまざまな対処能力を引き出したり、社会的な関係性を強化したりするのにも役立つ部分がありそうです。

私たちは感謝の気持ちと否定的な気持ちを同時に感じることができないため、嫉妬、怒り、貪欲など幸福に有害なものを少なくします。

もちろん、私たちは、人々に愛することや許すことを命令できないように、私たちの誰も周囲から感謝するように命令されてできることではありません。私たちが研究の際に試みたことは、参加者自身が恩恵を表現する言葉を使いながら受け取った恩恵に意識を向けるようにしてもらったことです。

目の前にずっと存在していた物事に心を向けることで、私たちが調べてきた領域において、長期的かつ肯定的な成果がもたらされるのです。私たちの思考、気分、関係性、健康、生活——これらが変化します！

Gratitude works！
3

感謝の気持ちで、目を大きく見開いて

感謝日記をつける実験を通じて、人生の中にある感謝の気持ちを引き起こす出来事を日々記録する試みが人をより幸せで健康にするとともに、消極的な側面を低減することが分かりました。

「日記をつけるコツはありますか？」と、よく聞かれます。正解（または正しい方法）は1つではありません。

毎朝その日のスタートに日記をつけるのか、それとも1日の最後に記録するのかは、それほど重要ではありません。高価な日記帳を購入したり、記録に役立つアプリをダウンロードしたり、スペルや文法を心配したりする必要はありません。大事なことは、感謝できるような出来事に注意を払うという、日常の習慣を確立することです。

本章の最後に、感謝日記を効果的に行う10のヒントをご紹介します。すべて次のことから始まります。「感謝の気持ちで、目を大きく開けて！」

ナチス占領下のオーストリアで育ったカトリックベネディクト会の修道士であるデヴィッド・スタインドル＝ラストは、完全に生きるためには、感謝の気持ちを持って目を開き、私たちを取り巻く世界の驚異を見る必要があると述べています。私たちはぼんやりと日々を過ごしていることがある、と彼は言います。なんと残念なことでしょうか。

毎日が贈り物です。今日があなたに与えられた代わりのきかない贈り物であり、「そして唯一、完全に適切な対応があるとするならば、それは感謝の気持ちです」と。[6]

これらの言葉を真剣に受け止めてみましょう。その日という贈り物に関して、日記に書いてみましょう。感謝の気持ちを持って。

恩恵を書き出すことは、自分の考えを言葉に変換することです。そして書くことは、単に考えている時よりも有益な点があることが分かっています。書くことで、思考は整理され、統合され、自身の経験を受け入れ意味づけるのに役立ちます。本質的には、そうすることで、自身の周りで起こる出来事の意味を見いだすとともに、人生における意味も見いだすことを可能にします。

セラピストは、不快で、トラウマのような出来事について書くことをよく勧めます。これは良いアドバイスですが、あなたはただ暴言を吐いたり、不平を述べたりすること以上のことをしなければなりません。

感謝日記は、人生の困難な局面において、救いとなる新しい見方をもたらします。感謝の気持ちで大きく目を見開くことで、私たちは、負担の代わりに恩恵の可能性を捉えます。

『Living in Gratitude：A Journey That Will Change Your Life』の著者であるアンジェルス・アリエンは、感謝の気持ちで眺めることを「今直面している困難や課題を最小限にしたり、否定したりせずに、人生の中にある良いことを最初に見る能力」と述べています。[7]

ここでは、軽度のうつ病で苦しんでいる人に感謝の日記をつけてもらったときのコメントを紹介しましょう。

・気持ちが沈み、問題に巻き込まれている時、それを乗り越えるのに役立つ
・否定的な解釈をするのではなく、現実とのつながりを保とうとしてくれる。そこに他者がいて、助けになってくれることを思い起こす
・ネガティブから抜け出し、すべて失われているわけではないと思い出させてくれる
・気分が悪くなるようなことよりも、気分が良くなることの方が多いことに気づく
・自分の人生における良いことを当たり前だと見なすのを止めて、自分の殻を破る
・状況がさらに悪化する可能性があったことを理解する
・自分自身に閉じこもっていることから抜け出すのに役立つ
・気分が良くなることを思い出す。もっとポジティブなことをしたくなる
・なくしたものから、今持っているものへ

・人々の至らないところだけではなく、むしろ良いところを見るようになる
・より安心できるようになる。自分がサポートされているのを思い出すので、リラックスできる
・自分が恐れている時、そこに支援があることを思い出すのに役立つ
・これまでよりは多少なりとも、自分の人生を愛するようになる
・自分を気の毒に思うのではなく、幸運に感じるようになる
・「今ここ（here and now）」に私自身を戻し、そこで感謝するものをいつも見つけることができる
・自分の顔に笑顔をもたらしてくれる。一瞬であっても、後ろ向きな部分をなくしてくれる

感謝日記は簡単なものでしょうか？ 習慣になっていないと、最初は簡単でないかもしれません。最初のうちは、感謝日記を書こうとするやる気が出ないこともあるかもしれません。時に、自分の感謝リストが不毛に見えるかもしれません。

しかし、古代の賢人や現代の研究が教えてくれるように、恩恵に気づくことは、実はより多くの感謝をすることにつながっていきます。

感謝の少ない人が始めた場合の感謝日記の興味深いパターンがあります。最初の数日は、記入フォームの空白を埋めるのに苦労します。6日目と7日目までに、少なくとも恩恵を4つ挙

げるようになります。そしてその後、感謝することが5つも挙げられないような日は少なくなっていきます。

私たちの知覚レンズが研ぎ澄まされてくると、困ったことや他人を罵《ののし》ることより前に、まずはさまざまな恩恵に気づくようになってきます。マーガレットは、感謝日記研究の参加者の一人ですが、日記の中で次のように綴っています。

今日は特別な贈り物です。書類を整理している時に、すでに忘れていた感動的な切り抜きを見つけました。島に置き去りにされた男性の話です。彼は毎日救助されるよう祈りましたが、誰も来てくれません。彼は大変な努力をして生活し、食料を貯蔵するための小屋を建てました。しかしある日、小屋は焼け落ちました。彼は叫びました。

「すべてがなくなってしまった。――神よ、どうして私にこんなことを！」

翌日、船が彼を助けに来ました。

「私がここにいることをどうやって知ったのですか？」

彼の問いに対する返事はこうでした。

「あなたが出した煙の合図を見たのです」

今後あなたの小屋が燃えてしまったとしたら、それは神の恵みを呼ぶ合図かもしれないことを思い出してください。

この切り抜きは、最初に読んだ時、私に大きな恵みを与えてくれました。そして今日、不思議なことに、再び私に恵みを与えてくれ、私がすべて失われたと思った時に救われたことが何回あっただろうかと、思い起こさせてくれました。

贈り物を文書化することで、私たちは、もはやその贈り物を当たり前のものとは思わなくなります。私たちは、感謝の気持ちを感じられることに感謝し始めます。感謝は、らせん状に育っていきます。あなたが今どのような段階でも、「今日は何も悪いことが起きていない」と記載するだけだったとしても、大切なのは始めることです。

感謝の度合いを、マイナス10（恩知らずである）からプラス10（感謝している）の尺度で捉えるとしましょう。もし現在あなたが「マイナス5」だとすると、肯定的な恩恵を明確に捉え始め、プラス側に移行する前に、まずゼロ地点まで移行する必要があるかもしれません。日々の日記において、あなたの人生の中での感謝する要素を確認したら、それらを「贈り物」と考えてください。

人生について振り返り、感謝することを深く考えることは、「贈り物」という言葉と関連させる努力を意識的に行うことになります。どのような気持ちになるか、この贈り物をどのように楽しみ、味わっているかに意識を向けてみましょう。

多くの人は、大自然に対することから始めています。見事な紅葉を見てください。明るい青空。春の香り。雨期の最初の雨。最初の降雪。すべて、贈り物です。なんと！「贈り物」を注意深く見て、味わってみてください。ラ・ロッシュフーコールドは、「幸福は物自体にあるのではなく、私たちが楽しみ味わっているまさにその中にある」と語りました。[8]

特に、自分自身の感謝の深さを意識することに時間を費やしてみてください。言い換えると、この演習をTo Doリストの項目かのように急いで行わないようにしてください。

「The Change Blog（www.thechangeblog.com/start-here)」の著者であるピーター・クレメンスは、感謝日記が人の変革のための道具としてなぜ推奨されるのかについて、実用的な3つの理由を述べています。

1つ目は「日記は洞察を与える」です。これまで、あなたは本当の意味で自分がどんな人なのかを考えたことがありますか？　何度も何度も起こる問題、つまり抜け出せない行動パターンを抱えていませんか？

日記を長期間継続することで、自分自身の本当の姿、真実を知ることができます。すなわち、モチベーションがどのように上下するか。感情を爆発させ、どれだけの数のプロジェクトを立ち消えさせたか。例えばある学生は、3週間にわたって、毎日のように自分のペットや住んでいるアパートについて、繰り返し日記に書いていました。あなたの場合は、自分の日記で何度も取り上げている話題は何ですか？

あなたが日記をしばらく続けてきたのであれば（最近、途中でやめてしまっていたとしても）、記入内容のいくつかに目を通してみてください。パターンが見えてきましたか？ 目を通すことによって、新たなところに焦点を合わせて、日記を再開しようと思いますか？

日記が効果的である第2の理由は「意図することが規律につながり、規律が結果を生み出す」ということです。

あなたは意欲的なブロガー、作家、詩人、ジャーナリスト、または何かの著述家ですか？ 書くことに真摯《しんし》に取り組む場合、規律を守る必要があります。すなわち、プロのライターは、「気が向いた時」や「ムーサ（女神）が舞い降りる時」だけ仕事をしているのではありません。気が向くまで待っていては、事が運ばない可能性があります。書く技術が未熟であるか否かよりも、定期的に（理想的には毎日）書く習慣を身につけることの方が、成功の大きな要因になるでしょう。

学術雑誌向けに執筆していた私が一般書籍で執筆するようになった時、尊敬する作家たちに相談し、書くことについての秘訣《ひけつ》を教えてもらいました。事実上、彼ら全員が、何も書かずに1日が過ぎることは決してないと言いました。彼らは、2ページ、2段落、2時間と、具体的で達成可能な目標を持って、パソコンの前に座っていたのでした。

私はその日の目標に到達するまで、やり続けました。1年後、何ができたと思いますか？ 1冊の本が完成しました！ 秘訣は、この2ページを作成することを大事にし、目標到達までやめないことです。

作ったものを見ることで、やる気が引き出されます。本章の冒頭で話したジェーン・ランドールは、贈り物を記入したコピーをいつも持ち、開いて読んで、味わうことができると言ってくれました。

彼女は、それぞれの恩恵をかなり詳細に文章として書き込んでいるため、数年後に記入した内容を読み直すと、そこに書いた時の状況を完全に再現して感じることができます。それがまた、モチベーションを高めることにつながるのです。

日記を書き続ける3つ目の理由は、誰か、あるいは自分自身に残したい遺産（受け継いだ贈り物）を贈ることができるからです。

あなたは、ご自身の子どもたちに、あなたが感謝の気持ちを感じた贈り物を渡すことができるのです！　今日の日記をつけるということは、5年後、10年後、あるいは老後に、自分の人生の良さの源を振り返ることができるということです。

Gratitude works !

4

感謝日記を書く際の3つのカギ

感謝日記の実践に関する最近のさまざまな研究によると、「特定性」「意外性」「希少性」の３つが、感謝の恵みを享受する重要なカギであることを示しています。この３つを十分に理解して取り組むことで、あなたの人生の中で、感謝のポジティブな効果を大幅に高めることができます。

①特定性（具体性）：真実は細部に宿る

私たちが他者から受けた恩恵を、複数の要素に分解して考えてみましょう。

例えば、あなたが教育を受けるために、母親が自分の時間を犠牲にしてくれたことに単に「感謝している」と述べるだけでは、それほど十分とは言えないでしょう。あなたのために母親が費やしてくれた何千時間、何日も何週間も何年もの年月を意識しながら考え、母親がしてくれたことにはっきりと触れ、思い起こすことの方が、より感謝しているでしょう。

「真実は細部に宿る」――これは内観療法（心理療法の一つ）の専門家であるグレッグ・クレッチの言葉ですが、感謝とは人生を正確に見ることだと気づかせてくれます。[9]

感謝の目的は人生全体を認識することですが、それはさらに大きな感謝の気持ちを生み出します。私が妻に対して感謝を述べる時、一般的な表現で「感謝している」と言うのか、それとも「結婚して17年という月日を通じて、約２４００食もの昼食を私に作ってくれたことに感謝している」と言うのか、どちらの感謝の形がより意味があるでしょうか？

もちろん、私の感謝の気持ちはサンドイッチに始まり、サンドイッチに終わるわけではありませんが、あなたには分かるでしょう。物事を一般化してしまうと、私たちは真実から遠ざかってしまいます。単調でありきたりな言葉は、誠意ある真実のようには見えないものです。

特定的で具体的であることが効果的な理由は、２つあります。第1に、感謝の疲労を避けることができます。要素が分離個別であるほど、感謝を忘れてしまったり、それらを当たり前のことと見なしたりすることが少なくなります。

第2に、特定性（具体性）は、自分にしてもらった行為の詳細をきちんと認識することを促します。

例えば、私がカフェPeet'sのコーヒー・バリスタに単純に感謝をしているというよりも、彼が私の名前をどのように覚えてくれているのか、そして私の好きなラテの入れ方（Sサイズ、フラット、低脂肪）をどう覚えてくれているかを意識的に深く考える方が、感謝をより感じていると言えるでしょう。感謝している時、真実は細部に宿ります。

特定性が重要であることを検証するエビデンスがあります。南カリフォルニア大学の研究者たちは、参加者が書く日記の精巧さに違いをつけるという設定の研究を行いました。あるグループは、人生で感謝していることを5つの文章で書き表しました。別のグループは、5つのことについて、それぞれ1文で書きました。さらに別のグループは、他者よりも優れていることについて書きました。

各グループとも、10週間、オンラインでタスクを行い、完了しました。1つのことを5つの文章で書いたグループの参加者は、他のグループと比べて、疲れが少なく、悲しさが少なく、無気力さが少ないことが示されました。また、他のグループと比べて、注意深さ、活気、高揚感や幸福感を、より感じていました。[10] 感謝の深さは重要なのです。

②意外性（驚き）：感情の強さのカギ

感情を研究するアンドリュー・オートニーとジェリー・クロアは、思考と感情の相互作用、そして、感情の強さに影響を与える要因を研究しました。感情の強さとは気持ちの大きさや強度といったものであり、例えば、怒りの感情においては、軽い煩わしさからかなり本格的な怒りまで、その強さが異なってくることです。[11]

私たちは皆、現実であろうと想像上であろうと、出来事に反応したり、出来事を心の中で追体験したりすることで、感情が変化することを知っています。オートニーとクロアが発見したことは、意外性（驚き）が感情の強さを引き出す主要な力の一つであるということです。

意外性には、楽しいもの（思いがけない贈り物を受け取った時など）と不快なもの（事故にショックを受けた時など）があります。他要因がすべて同じ場合、驚きをもたらす予期せぬ出来事は、予想可能な期待していた出来事よりも、強い感情的反応を引き起こします。

楽しい意外性と不快な意外性の事例を簡単に思い描くことができるでしょう。あなたが今までに受け取った最高の贈り物を思い出してください。賭けてみたいぐらいですが、きっとそれはあなたに驚きをもたらしましたよね。

子どもの頃、私は、家中のさまざまな場所に隠されたクリスマスプレゼントを探したい気持ちを抑えられなかったものです。拾い上げ、振ってみたり、臭いを嗅いだり、中身を確かめようとしました。包装紙の内側を覗こうとすれば、何が入っているのかは分かりましたが、そうすると、クリスマスの朝に喜びがいくらか減ってしまいました。

私たちは、もらって当然だという権利を感じたり、良いことが起こることを予想したりすると、感謝を感じなくなるものです。「贈り物のように見える時は、すべてのものはよく見える」と多くの作品を生んだ英国の作家G. K. チェスタトンは書いています。[12]

どちらの贈り物の方がより良く見えますか？　意外に見える（実際に意外な）ものですね。

そのため、意外な贈り物や恩恵は、予想外のものだからこそ、より強い感謝を引き出します。予想していたよりも大きな還付金の小切手を国税庁が送ってくると、私たちの多くは非常に感謝します。

デマーカス・ベッツは、刑務所からこの内容に関する手紙を送ってくれました。ベッツは、過去10年間、このモットーで生きてきたのです。「何も期待せず、すべてに感謝する！」

感謝日記には、目新しくて期待も予想もしていなかった出来事や状況、そして経験について、あるいは、あなたが興味を持った出来事や状況などについて書くようにしてください。あなたはおそらく、目の前の現実が予定どおり確かに起こったものでなく、異なる結果になっていたかもしれないと捉えることになるでしょう。意外であったことを明確にすることで、日記は新鮮なものとなります。

例えば、野球のトーナメントで長い週末を過ごした後、私は帰宅して、残っていた冷凍ピザが出てくるものと予想しました。しかし、妻は、私の予想とは異なり、特別な夕食を用意してくれていたのです。感謝の気持ちは並外れたものになりました。

思いやりのある配偶者に対して感謝していること。温め直したピザを食べる必要がないようにしてくれたこと。私が愛されていると感じ、思いやりを持って接してもらっていると感じられること。家庭料理が食べられること。買い物や料理をする必要がないこと。

こうした内容に触れながら、私は日記を書きました。その意外性のおかげで、言葉では言い尽くせないほど恵まれていることを実感しました。

「素晴らしき哉、人生」

楽しい出来事や状況を単に思い浮かべるだけでは十分ではないことも、よくあります。むしろ、こういった肯定的な出来事をどう考えるかの方が、感謝や幸せを感じる重要な要素と言えるでしょう。

この重要な発見は、ティム・ウィルソンとダン・ギルバートたちによる、別の一連の実験によってなされ、後に「ジョージ・ベイリー効果」として知られるようになりました。[13]

フランク・キャプラの１９４０年代の名作『素晴らしき哉、人生！』は、誰もが知っている作品です。この映画の中で、ヘンリー・トラバースが演じたクラレンスという名前の天使は、自滅的なジョージ・ベイリー（ジミー・スチュワートが演じた）を、もしジョージが生まれていなかったら世界はどうなっていたか、というツアーに連れ出します。クラレンスは、ジョージに恵まれていることを数えるようにとお願いする代わりに、それらの恩恵が決して生じなかった世界をジョージに見てもらうようにします。

この経験によってジョージは、自分の人生の中にある良いものが実際にはどれほど希少で貴重なものであるかということを認識させられ、それが彼の絶望を即座に癒やします。

研究では、このクリスマスの古典映画は、心理学的に有用な洞察を捉えていることが示唆されています。出来事が起こらなかった場合を考えることにより、その出来事が意外性のあるものとして見えてきます。

驚くような出来事の特徴の1つは感情を引き出すことであり、私たちが当たり前と思う出来事、日常化している出来事や状況に遭遇しても引き出されません。

オランダの感情研究者ニコ・フリーダは、「自分の状態がいかに幸運であるかや、もし今のようでなかったらどうなっていたか、または、以前は実際に今のようでないことがあったことを、常に意識すること」が、思い出や想像力を再び呼び起こすのではないかと考えました。[14]

ある場面に関し、実際とは逆の意思決定をしたことを想像してみたり、ある出来事が仮に発生していなかったならばどうだっただろうかと想像しながら、あなたの人生を振り返ってみてください。どうでしょうか？

60代半ばのある男性は、18歳のときに親友がイエス・キリストの教えを紹介してくれなかったとしたら、どうなったのだろうと振り返っています。「どの刑務所に行っていただろうか？」「私の幼なじみに感謝しない日はないぐらいです」と捉えています。半世紀ほど前、この方が下した意思決定により、人生はまったく異なる軌道をたどりました。

先に紹介したウィルソンとギルバートは、この洞察を確かめるために「自分の人生において、現実とは逆の意思決定をしたり、もしくは、ある出来事が起こらなかったとしたら、どうなっているか？」について、人々に考えてもらいました。

彼らが行った研究は、次のようなものです。半数の参加者は、自分が感謝している肯定的な出来事は、どれくらいありがちで当たり前なことなのかを考えます。残り半数の参加者は、自分の人生に肯定的な出来事が起こらなかったかもしれないことを考え、その出来事が発生したことが、いかに驚くべきことであるかを考えます。[15]

結果では、出来事をありがちで当然と見なした参加者よりも、出来事が起こらなかったかもしれないことを考えた参加者の方が、ポジティブな感情を多く報告したことが明らかになりました。自分が肯定的に捉えている出来事について、それがいかに驚くべきことであるのか、それが人生において発生しなかったとしたら、一体どうだっただろうか、といったことについて記述した人たちだけが、感情面での恩恵を受けました。

さらに、出来事が起こらなかったかもしれないことを考えた参加者はまた、出来事が発生したことに一層驚きを感じたと報告し、出来事を当然のことと考えた参加者よりも、その出来事が発生した理由について理解がおぼつかないと述べました。

私たちの心は、物事がどのような点で、どのように違っていたかを、精神的に比較して考えています。機会が失われたことを嘆く時、あったかもしれないことに後悔する時、これらの比較は私たちの精神的ウェルビーイングにとって逆効果となるかもしれません。

しかし一方、私たちはこのような考え方の力を利用することもできます。人生が今以上に悪かったとしたらどうだろうかということや、人生の中で恩恵をまったく受けなかったとしたらどうだろうかと、自身の中で、今一度、思い返すことなのです。

良いことが発生しなかった場面を想像することは、なぜ有益なのでしょうか？　それは、恩恵を受けることが当然なんだと捉える傾向に対策を打ってくれるからです。

私たちは、生活の中で慣れてしまったものを当たり前と捉えるようになります。良い出来事や悪い出来事が起こった後、少し時間がたつと、幸せ度が元に戻るプロセスを適応と呼んできました。

私たちは幸運にも適応しますし、時間はかかるものの不運にも適応します。人々は最初、変化した状況に強く反応するものの、時間の経過とともに、感情的反応は弱まり、変化した状況はその力を失っていきます。100万ドル以上の宝くじに当たって、最初は意気揚々としていたものの、その後減っていき、無一文になり、憂鬱、孤独になった悲しい人の話が掲載されているウェブサイトが実際にあります。

③希少性：今、何を欲しいか～後になってからではないかもしれない

「称賛は金やダイヤモンドのように、その価値は希少性に負うものである」とサミュエル・ジョンソンは書いています。[16]

研究によると、人は人生の肯定的な出来事が終わろうとしていると言われると、その経験を良いものとして捉えます。そして、残りを生かすべく努力しようとする傾向があることが分かっています。このような気づきにより、その出来事に一層注意を向け、感謝しようと動機づけられます。「今か、それとも、今後二度とないか」という感覚により、その日を最大限に活

用しようとします。

ジェームズ・マディソン大学のジェイミー・カーツは、まだ解明されておらず直観に反するような、幸福への道の研究を専門としています。[17] 彼女は、大学4年生たちに、卒業する約6週間前に、大学での経験について書いてもらいました。

参加者たちは、卒業がはるか遠くのことか、あるいはすぐなのかどちらかを考えるよう伝えられました。具体的な指示は、「あなたが友人に感謝している理由を書いてください。特に、残りの学校生活の日々がいかに少ないか（もう一方には、いかに多いか）を考えながら」というものでした。

大学生活が終わってしまうことに焦点を当てた参加者は、ウェルビーイングの感覚をより感じ、大学関連の活動に多く参加しました。友人との時間を過ごし、友人とともに活動に参加しました。

繰り返しますが、楽しい出来事をどう捉えるかによって、違いが生まれます。出来事を時間制限のあるものと捉えるときに、感情面での効用が生じやすくなります。

人生の良いことには終わりがあることを把握し、いつまでも続くものと決めつけないことは良い実践です。まもなく終了することを想像してみてください。例えば、ある人がはどなく引越してしまうことが分かっている場合、これまでの大切な関係を考えて、あなたはどう行動しますか？

この人と共にいる残された時間を、今までと違う形でどのように使いますか？　その人があなたの人生の中にいることへの感謝の気持ちを、いかに高めることができるでしょうか？　こういったことが日記に書くべきことです。

Gratitude works！ 5

なぜ新しさが重要か

私がメイン州で学部生だった頃、最初に行った研究プロジェクトは刺激欲求でした。刺激を求める人は、目新しさ、興奮、刺激を求めます。異国情緒あふれる場所への旅行、未体験のエスニック料理を試食すること、あるいはほかにも。

そしてその後すぐに飽きます。刺激を求める人は、歓楽街、喧騒《けんそう》や賑《にぎ》わいを好み、リスクを冒しスリルを求めます。

目新しさを好むことは、進化の過程に深く根差しているようです。ジャーナリストのウィニフレッド・ギャラガーは、著書『New：Understanding Our Need for Novelty and Change』の中で、新しくて異なるものに抵抗できず、目新しさを好むことは種として生存するために重要なものと主張しています。[18]

セントルイスにあるワシントン大学の精神科医ロバート・クロニンガーによって、目新しさを好むことの利点が調べられました。[19] クロニンガーは、目新しさを好む人は、新しさをためらう人と比較して、成人期において、健康、満足する友情、および感情的安定を享受することを見いだしました。目新しさを好むことによって、世界に、そして特に新しく異なったものに対し、柔軟な対応をしていくことができるようになります。

お伝えしておきたいのは、刺激欲求が私自身の特性ではありません。私はほとんどの日をパソコン画面で文章をめくって過ごしており、過去25年間同じ講座を大学では教えてきました（講義ノートは随時変更していますが）。

しかし、私たちは皆、何らかの新規性を必要とします。ことわざにあるように、多様性は人生のスパイスです。それは感謝を記述する際に特に当てはまります。新しさを組み込もうとしなければ、感謝日記はすぐに新鮮さを失い、元気づけるものではなくなる可能性があります。取り巻く状況や環境を退屈で飽き飽きするものとして見ると、日常生活から感謝が失われてしまいかねません。

さらに、これまでの研究の積み重ねにより、脳のドーパミン細胞、すなわち報酬や喜び、モチベーションを統制する細胞は、報酬が予期されていない時に最も良く反応することが分かってきました。報酬が日常的で期待されるようになると、ドーパミン細胞の活動が大幅に減少します。

このように、効果的な感謝日記に新規性や驚きが不可欠である根拠は、神経化学的にも見られます。

マイケル・マッカローと私が感謝日記の利点に関する記事を発表した直後、一見矛盾したレポートが「Review of General Psychology」に掲載されました。

「How of Happiness」の作者であり、カリフォルニア大学リバーサイド校のソニア・リュボミルスキーは、6週間にわたって、学生たちに「感謝していること」について、週に1回または3回、考えるように指示しました。

結果は、タイミングが重要であることを改めて示唆しています。定期的に感謝の気持ちを表した学生は、研究を通じて幸福度が向上しましたが、週に1回だけ行った場合に限られました。リュボミルスキーは、感謝を週に数回数えることによって、人々は時間の経過とともに、その行いに飽き、新鮮味を感じなくなり、意味がないと思うようになったのではないかと考えました。[20]

これもまた、日記をつける際の新規性や創造性の大切さを物語っています。あなたは、感謝疲れを避けるためにできることをしなければなりません。本章の最後に掲載するヒントは、感謝疲れに対処するのに役立つでしょう。

Gratitude works !

6

感謝日記は脳を変えるか？

味わい感謝することがたくさんあります。これら感謝の気持ちをどこに伝えればよいのか分からないので、私はすべての行いの中に感謝の気持ちを込めています。

——マイケル・J・フォックス[21]

感謝日記が有益であるという理由として、感謝に関する神経的根拠についておさえておく必要もあります。感謝には神経的特徴があるのでしょうか？

ポジティブな感情に関する神経化学（neurochemistry）の最近の研究では、「意外性」「目新しさ」「希少性」が感謝日記をつける上で重要な要素である理由や、日記をつけるプロセスそのものに価値がある理由が説明されています。

他の感情と同じく、感謝体験も、脳科学や解剖学とも関わりがあるようです。では、誰かに感謝すると脳内でどのようなことが起こるのでしょうか？

今日、心の働きを本当に理解するためには脳内プロセスを理解しないといけないと多くの人が考えています。神経科学者は、多くの大学コミュニティにおいて主な提唱者であり、専門的研究者も専門でない一般の方々も、最新の高解像度脳スキャン画像に魅了されます。人が自身に起こった良いことを認識し感謝する時、脳で起こっていることを、神経化学研究は明らかにしつつあります。ただ、感謝に関する神経科学（neuroscience）はまだ始まったばかりで、いまだ知られていないことが多いことを分かっておくことも重要です。

言っておきますと、私は神経科学者ではありません。私は、脳に関して理解していませんでした。それでも、何かに感謝することや、それを言葉で言い表すということについての神経生物学的プロセスが「感謝は効果的である」という主張に新しく重要な知見をもたらしてくれるぐらいまでは理解しました。

血液中を循環するホルモンと脳の神経伝達物質は、感謝と化学的相関があるようです。例えば、脳の特定領域で作動するドーパミンとセロトニンは、幸福や他の楽しい感情に関連していることが分かっています。

神経伝達物質ドーパミンは、感謝を短期的に知覚したり表現したりする際に必要になることが多くの証拠によって示されています。ドーパミンは、運動や実行機能に加えて、動機づけ、報酬、感情などを含む多様な脳のシステムに影響を与えるよう脳内で分配されます。

この化学物質は、報酬、喜び、および動機――これらはすべて感謝の主要なものです――を調節します。前頭葉のドーパミンの作用は、おそらく、感謝レベルや少なくとも感謝する能力に影響を与えます。

ドーパミンは、私たちが感謝日記に書かれてあることを振り返り良いことを讃える時に経験する喜びを引き出します。この神経伝達物質は、感謝の気持ちを喚起する出来事に気づくことで、人が感謝を感じる確率を高めます。[22]

さらに、報酬に敏感な脳の領域（線条体、側坐核）のドーパミン細胞が、予期しない報酬にかなり強く反応するという証拠が蓄積されています。

報酬が日常的または期待されるようになると、ドーパミン細胞の活動が大幅に減ります。したがって、効果的な感謝日記にするために、なぜ目新しさや意外性が不可欠であるのかという神経化学的な根拠があるのです。[23]

感謝の気持ちは多くの要因によりますが、そのほとんどは認知的なもの、すなわち、恩恵や恵みを認識すること、他者の意図を知覚すること、恩恵や恵みの価値を認識すること、などです。『Thanks!』（邦題『Gの法則』）でご紹介した感謝の2段階情報処理モデルでは、感謝は、（1）自分の人生の中での良いことを確認し、（2）その良いことが引き起こされる源が少なくとも部分的に自己の外側にあることを認識した、結果であることを明記しています。

確認することとは、私たちが報酬または利益や恵みを受け取ったことを示す合図です。利益や恵みを他者の意向に帰することは、社会認知的プロセスにつながったネットワークを活性化させます。したがって、感謝を体験し表現することは、報酬評価と社会的認知の脳内システム間の相互作用を反映しています。

ドーパミンはおそらく両方の段階に関連しています。ドーパミンにより、報酬を捉えることに敏感になるとともに、それら報酬を他人の善意に帰することにも敏感になります。ドーパミンは、（他の肯定的な感情と共に）人が感謝を感じる設定点に影響を与える可能性が高く、また、感謝の気持ちによって何らかの形で相手に報いたり、良いことを返したりするよう動機づけることにも影響を及ぼします。

しかし、神経プロセスと実際に感じた感情との関係は因果関係でなく、相関関係であることを忘れてはなりません。すなわち、信頼に足るつながりが見つかったからといって、感謝の念が単にドーパミンを活性化したり、感謝しないことがドーパミンを不活性化したりすることを意味しているわけではありません。

また、ドーパミンと感謝に関わる仮説を確かにする他の理由には、どのようなものがあるでしょうか？

1つの理由として、前頭葉機能障害（パーキンソン病など。以下ＰＤ）のある人は、感謝を引き出すような記憶があっても、有益な結果を示すことはありません。

神経科学者のパトリック・マクナマラと私が、感謝する個人的な記憶を思い出すようにと、ＰＤの患者に依頼した時、このことを発見しました。また、ＰＤの患者は感謝の記憶を思い出すのにより長い時間がかかり、ＰＤの患者の記憶は長さの面で、対照群と比較するとかなり短いことが分かりました。

感謝を頻繁に実践する人々が、脳の解剖学的な違いを示すかどうかは分かっていません。これも具体的に調べられてきたわけではありません。

ただし、脳イメージング研究では、仏教の僧侶などのように訓練された瞑想者の左前頭前野がより活発になることが明らかになっています。脳のこの領域は、思いやり、愛、感謝などのポジティブな感情経験とも関連しています。感謝を引き出すような経験によるポジティブな感情が、ドーパミンの生産または放出を刺激し、それによってＰＤ患者の運動および認知機能障害の一部を軽減できるかどうかは、興味深い問いです。

ドーパミンが感謝の化学物質であることが判明したとしたら、これは感謝への介入にとって何を意味するのでしょうか？　面倒な感謝日記の代わりに、感謝の気持ちを高めるドーパミンの注射を選ぶことを意味するのでしょうか？

ドーパミンは血液脳関門を通過しないため、この選択肢はありません。加えて、感謝の気持ちが化学的に引き起こされることを私たちは本当に望んでいるのでしょうか？　ドーパミン細胞は、報酬がある時、ほんの数秒間だけ放出されます。

ドーパミンは感謝を感じている間だけ放出されます。ただし、人が、他者の善行に応じる形で感謝する時にもたらされる心地よい気持ちを、ドーパミンが活性化するという捉え方には、議論があります。

感謝は、社会認知プロセスとしてかなり複雑であるため、神経化学に還元することができません。また、感謝に関わる信頼できる神経学的メカニズムを発見したからといって、一部の人だけがあらかじめ遺伝的に感謝の気持ちと強くつながっているわけではありません。

短期的に感謝を感じることと、磨き上げられた感謝する性質を持つことは同じではない、という点はかなり重要です。人生の恵みを感じる能力とは、不幸を逆転させる能力を包含して発展的に獲得するものであり、今後さらなる検討が必要なトピックです。

感謝日記を成功させる10のヒントをご紹介しましょう。21日間の感謝チャレンジは、ここで挙げることをもとにして体系的に取り組んでみる機会となります。

日記を成功させるための10のヒント

1. 少なくとも1日おきに5分から10分程度、日記を書く時間を設けます。それを自分の中で約束し尊重しましょう。日記を書く時間は、朝か晩を選びましょう。
2. ペンと紙を持ち合わせない場合は、スマートフォンの音声認識機能を使用し、メモ帳または同等のアプリに感謝の気持ちを記録します。

3. 「深さ」を意識して感謝しましょう。つまり、特定できるぐらい具体的に記します。幅を広げるよりも奥行きを大事にします。項目をたくさん挙げるよりも、各内容を詳細に。日記は単なるリストにとどまりません。
4. 「意外だったこと」をいくつか盛り込むようにしましょう。あなたは今日、どんな予期せぬ恩恵を受けましたか？ 起こらなかったら不安になるような出来事とは、どのようなことですか？
5. 「贈り物」（ギフト）という言葉を使ってみましょう。今日受け取った恩恵を贈り物として考えてみてください。あなたに与えられた贈り物を楽しみ、味わってみましょう。
6. あなたが感謝している人と、その理由（なぜ感謝するのか）について考えてください。あなたが感謝するに値するのはどなたでしょうか？ その人からどんなものを受け取りましたか？
7. あなたの人生の中で、当たり前だと思ってしまいがちなことを考え、書き出してみましょう。そして、書き出すことを習慣にしてみましょう。
8. 感謝の気持ちを長続きさせましょう。ある恩恵を連日繰り返しても構いません。ただし、それぞれの恩恵を、毎度、詳しく書くようにしてください。詳細に表現しましょう。
9. あなた自身を救ってくれた人々だけでなく、あなたが愛する人たちを助けた人々についても書くようにしましょう。こういった感謝の源を見落とすことがあります。
10. あなたがネガティブなことから避けたり、逃れたり、防いだりしたことに感謝しましょう。ネガティブなことをポジティブなことへと変えたりしたことに感謝しましょう。

第3章

感謝日記を超えて～感謝の手紙と訪問

Gratitude works！
1

感謝を伝える旅

口を閉ざした感謝は誰にとってもあまり有益なものではありません。
——ガートルード・スタイン[1]

あなたの人生に意味ある変化をもたらした人々は誰ですか？　もし明日、あなたに何かが起こったら、この人たちにきちんと感謝しなかったことを後悔しますか？

大手企業で成功した元ＣＥＯのウォルター・グリーンは、まさにこの問いを自分に投げ掛けました。グリーンは、ハリソン・カンファレンス・サービス社の会長などを25年間務め、その間に会社は国内一流のカンファレンス・センター管理会社に成長しました。

事業を売却してサンディエゴに移住したグリーンは、新たな目的のための準備をしました。グリーンはじっくり腰を据えて、生涯を通じて自分に大きなプラスの影響を与えたすべての人たちのリストを作成しました。誰かの健康や生活が危うくなる前に、機会を逃してしまう前に、グリーン自身にとってこれらの人々がどれほど重要であったかを伝えたいと思ったのです。

その後、グリーンは1年かけて全国を旅し、44人を訪問して、自分の人生にどのような変化をもたらしてくれたのかを伝えました。訪問の際、グリーンは目的を明確にしながら、心からの感謝を伝えました。グリーンはこれら大切な人たちに深い感謝を表現するための機を逃さないと決めていました。

グリーンは感動的な回想録「This Is the Moment」にこれらの訪問を記録しました。そして、私宛てのメッセージを添えて、一部を送ってくれました。

あなたが感謝という主題を長年にわたり「掘り下げた」ことを、私は知りました。私がどうやって旅の中で「金」を掘り当てたのか、あなたに興味を持ってもらえるのではないかと思いました。[2]

カリフォルニア大学デイビス校の元同僚であったジェシカ・アッツも、同様の行動に乗り出しました。現在、カリフォルニア大学アーバイン校に勤務する統計学者であるジェシカは、最近迎えた節目の誕生日に関する感謝プロジェクトを立ち上げました。

49歳の誕生日を迎えて間もなく、彼女の人生で最も影響を与えた50人のリストを作成し始めました。これらはすべてジェシカが個人的に知っていた人々であり、著名人は含まれていませんでした。

そして、50歳の誕生日までの150日間で、彼女はそれぞれの人たちに3日間ずつ、彼らを、そして彼らがしてくれたことに敬意を表して過ごしました。

もし彼らがまだ生きていればカード――決してメールではありません――を送りました。そこには、ジェシカが現在何をしているか、なぜその人を50人のリストに含めたのかといった説明を入れました。

もし彼らが亡くなっている場合でも、ジェシカは3日間を費やし、彼らを思い出して過ごしました。ジェシカは、誰が最初で、誰が最後で、誰がどこにいるか、といったことを誰も気にしないようにリストをランダムに（統計学者に期待するように）しました。

彼女が追跡した友人や親類に加えてリストには、教師、彼女が最初の本を書き上げるまでサポートしてくれた出版社、仕事上の同僚、ジャーナルの編集者、そして元学生が含まれていました。ジェシカは彼らのすべてが好きだったわけではありませんが、最も影響を与えた人たちです。

彼女のもとには、2人を除いた全員から返事が届きました。そこで、ジェシカは「驚くようなことではないですが、この活動によって、どの受取人よりも私自身が多くの恩恵を得ました！」と語ってくれました。

Gratitude works !
2

感謝の訪問は唯一無二

ウォルターとジェシカは、対照臨床試験を通じて研究者が知ることを、自身の身近な体験で見いだしました。感謝の気持ちを深めるために最も効果的な方法の1つは、自分の人生にとって重要であるにもかかわらず、これまできちんと感謝する時間を設けてこなかった人に感謝の手紙を書くことであり、本人を訪ねてその手紙を渡すことです。

かなり厳格な科学出版物で発表された研究によると、感謝の訪問が、その後3カ月間にわたって、手紙を書いた本人の幸福を高め、憂鬱を減らすことができることが示されています。

私が実施した感謝日記に関する多くの研究では、感謝を感じることと感謝を表現することを区別してきませんでした。研究を通じて私が目指したのは、人々が自分たちの生活の良さの源を認識して、感謝の気持ちを持つようになることでした。

しかし、感謝のような感情には、身体的反応や感じ方から、表現しようと行動するまで、さまざまな側面があります。感情は表現されたがっています。感情（emotion）という単語はラテン語のmovereに由来します。これは、動くことを意味しています。感情は、何かをするよう私たちを突き動かします。

私たちは怒っている時に、打ち倒そうという行動に出ます。恐れを感じる時は、逃げようとする行動に出ます。愛を感じると、抱擁する行動が出ます。誇りは、自身を称賛しようとします。

表現することは、感謝において特に重要な要素かもしれません。感謝祭を表すサンクスギビングのコンセプトは、感謝は誰かに与えられることを意味しています。

私たちが感謝を感じると、贈り物をしてくれた人に感謝を表明したいと思ったり、または、より一般的には、受け取った良いことを他の人に伝えることによって感謝を表明したいと思ったりします。感謝の表現とは、単純な交換を超えたものです。感謝の感覚は、慈愛行動や慈善行為を鼓舞することさえあります。

J・デイビッド・ウィンバリーは、マサチューセッツ州ケンブリッジのブリガム・アンド・ウィメンズ病院における妻へのケアに感動し、ハーバード大学医学大学院で神経学のJ・デイビッドアンドバージニア・ウィンバリー教授職を創りました。

翌年、彼はハーバード大学医学部へ50万ドルの寄付をするという寛大な行動を取ります。そして、アルツハイマー病特有の生物学的特性を特定するために、数百人の患者からサンプルを収集するアルツハイマー病のバイオマーカー探索プログラムの推進を支援しました。

早い段階で発見された場合、病気の発症を予防または遅らせることができるようになります。そしてそれは、高齢化人口における病気の発生率の上昇を考えると、立派な目標と言えます。

一方、感謝の気持ちを表さないと違和感が残ってしまうこともあります。有名な人間性心理学者のアブラハム・マズローは、恩人への感謝の意を表現することの重要性と、私たちが恩義を感じている人に感謝を表明しない場合に生じる心理的緊張について論じています。

マズローは晩年、次のように書きました。「人々が『恩恵を数える』ことは極めて重要です。それは、実際に失うことなく自分の持っているものをしっかり理解するために、です。」

マズローはこれを実際に行う練習方法も提供しています。

あなたが気に掛けているどなたかについて考えるのが、1つの方法です。その人が死ぬかもしれない、あるいは死ぬだろうと想像するのです。想像して、どう感じるのか、本当に失うものは何なのか、どのように残念に思うかを、できるだけ鮮明に思い浮かべてください。後悔や自責の念はありますか？　後になって物足りなさを感じ続けることがないような良いお別れをするには、どうすればよいのでしょうか？　そして、この人との思い出を最大限に残すにはどうしたらよいのでしょうか？[3]

これは憂鬱なエクササイズに思えるかもしれませんが、自身の感謝日記の中でやってみてください。もし、大切な人への感謝を明確に伝えるよう頼まれたらどうでしょうか？「感謝に向き合うこと」がもたらす効果とはどのようなものでしょうか？

感謝の訪問をすることで、測定可能な差違が生まれるというエビデンスが、ペンシルバニア大学のマーティン・セリグマンのポジティブ心理学研究室によって得られました。セリグマンたちは、参加者に、1週間かけて感謝の手紙を書きそれを直接本人に届けるように伝えました。その時の指示は次のとおりです。

あなたの人生に大きく前向きな変化をもたらしてくれたにもかかわらず、ご本人に感謝の意をまったく伝えていない、あなたにとって重要な人を過去の中から一人選んでください。まだ生存している人にしてください。1ページを埋めるくらいの長さで、感謝状を書いてください。時間をかけて作成してください。必要であれば、数週間かけてください。そして、その人を自分の家に招待するか、その人の家に行きましょう。

ここで重要なのは、対面であることです。ただ書いただけとか、電話で、ということがないようにしてください。手紙の相手には、事前に目的を伝えないようにしてください。ラミネート加工された感謝状を贈り物として持参してください。表情豊かに、アイコンタクトしながら、声を出してゆっくりその感謝状を読んでみてください。それから、相手にゆったりと応対してもらって構いません。あなたにとって重要な人物となるきっかけとなった具体的な出来事について、一緒に思い出してみてください。[4]

この実験に参加した人々にとって、手紙を書いて届ける効果は、どのようなものだったでしょうか？　指定された活動を行ってから1週間後に参加者の気分を測定したところ、参加者はより幸せになり、憂鬱さも少なくなっていました。幸せ感の高まりと憂鬱さの減少は、1週間後と1カ月後の追跡評価で持続されていることが確認されました。[5]セリグマンが驚いたことに（セリグマンはかつて私に「ボブ、私は感謝してないんだ」と打ち明けていた）、感謝の訪問は、他のどのポジティブ心理学の介入よりも、人々の落ち込みを減らし、幸せをより高める実践の1つであることが分かりました。

感謝の訪問による利点は、感謝日記の実践で私たちが観察した以上のものです。定期的に、きちんと感謝を伝えるための訪問を予定するのは現実的ではありませんが、ほとんどの人は、毎日、サービスを提供してくれた人物に感謝を表す時間を取ることはできるでしょう。例えば、郵便配達員、UPSの運転手、娘のサッカーコーチ、薬剤師などが、あなたからの声掛けを喜ぶでしょう。

その相手は、あなたをやる気にさせた著者かもしれませんし、もしかしたら人生で大切なことは何かというあなたのビジョンに刺激を与えてくれた人かもしれません。

あなたに物質的、感情的、または目に見えない形で恩恵をもたらしてくれた特定の人のことについて考えてみてください。

セリグマンの実験に記載されている方法を使って、その人に手紙を書き、可能であれば、特別な日（誕生日、記念日、または休日）、もしくは無作為に選んだ日に訪問して、その手紙を直接声に出して読んでください。個人的に知っている人物でない場合は、手紙をメールで送ってみてください。

その人があなたのために何をしてくれたのか、それがあなたの人生にどのような影響を与えたのかを詳細に記述してください。その人がしてくれたことを、どれくらいの頻度で思い出すのかを書いてください。

個人的には知らないけれども、自分の人生に影響を与えてくれた人（作家や政治家などや、自分の人生をより安全で健康的なものにしてくれた人（医者や自動車整備士、地元の警察など）に感謝の手紙を書くと、気持ちが高揚するという人もいます。

セリグマンの研究の参加者の一人である化学工学専攻の大学院生は、彼女の父親に向けて、長年にわたって父親が彼女にしてくれた特別なことや言ってくれたことを思い出し、彼女がより良い人間になるためのロールモデルとなってくれたことを書きました。

例えば、父親は庭で働いていた労働者に昼食と飲み物とおやつを提供することによって、彼女に謙虚さを教えました。大学のオリエンテーションへ向かう飛行機の機内で、父親は自身がベジタリアンでなかったにもかかわらず、彼女が頼んだのと同じヴィーガン食を注文しました。父親は、彼女の気分のムラにいつも辛抱強く耐えてくれ、彼女のためにそこにいつもいてくれて、腕を大きく開いて、彼女に会えることを本当にいつもうれしく思ってくれていたことを、彼女は思い出しました。

さて、感謝の訪問が常にハッピーエンディングかのように伝えるのは、不誠実と言えるでしょう。

恩師を訪ねた、あるフィンランド人参加者にとっては、この体験はあまりうまくいきませんでした。彼女は心からの手紙を作成し、訪問する約束をしました。訪問後、恩師がそわそわしていることに気づきながらも、彼女は手紙を読み上げたのです。そして、恩師の反応を待ちました。

彼女は困惑していました。というのは、彼女が裏に何か別の動機を持っているんじゃないかと恩師は考えていたのです。この訪問自体が、恩師から何かを得るための策略だ、というように。この体験すべてが、彼女にとって屈辱的でした。

私たちの多くは残念ながら、他者からの感謝の表現をいかに優しい気持ちで受け止めるか、受ける側としての在り方を、必ずしも分かっているわけではありません。また、私たちは与える側としての役割をあらわに示さなかったり、贈り物を最小限なものとしてしまいます。

「どういたしまして」のように優しくその感謝を受け止める代わりに、「お構いなく」「何でもありませんよ」「めっそうもない」「どうってことない」と退けてしまいます。そう思いとどまらないようにしましょう。そうすることで感謝を受け取る側も心が動き、返礼として感謝する可能性がはるかに高くなります。

Gratitude works !

3 手紙を書くことの理論と実践

健康のために手紙を書くということは、以前は関心を示されていませんでしたが、最近になって注目されるようになってきました。

感謝研究の中心的人物の一人である、フィル・ワトキンスは、他の活動がある中でも、感謝の手紙を書いた結果として起こる気分の変化を調べようと研究を行いました。[6]

この研究で見いだされたのは、感謝日記を書くといった他の方法と比べて、感謝の手紙を書くことは幸福感をより高めるということでした。

最近行われた別の研究では、参加者に、祈りを捧げ、神への手紙を書いてもらいました。すると祈りや手紙によって、個人的な洞察力が高まり、感謝の気持ちを含めたポジティブな感情が高まりました。これらを研究した著者たちは、祈ったり伝えたりする行為（この場合は神への手紙）が、参加者の人生の出来事に対するポジティブな感情を向上させたと説明しています。

ケント州立大学の研究者たちは、感謝を表現することが幸福にどう影響するかを把握するために、長期に手紙を書くことの影響について、また併せて長期に複数の手紙を書くことの影響について体系的に調査しました。

3クラスに分けられた学部生はそれぞれ2週間ごとに、8週間の中で、自分の人生に良い影響を与えた人に手紙を1通ずつ書きました。

一方、この実験研究の計画では、別の3つのクラスがランダムに選ばれ（対照群）、感謝の手紙を書きませんでした。研究の参加者たちは、セリグマンの研究で行われたような手紙を送付したり、訪問したりといったことはしませんでした。彼らは、手紙をタイプしたり、手書きで書きました（他の研究では、手書きでもパソコンを使って書いても大した差ではないことが分かっています）。

最も大事なのは、意味ある内容に焦点を当てた表現力豊かな書き方です。「どのように」手紙を書くかよりも、「何を」手紙に書くかの方が一層大切です。

参加者は、些細な手紙（例：贈り物に対するお礼状や「今朝私に挨拶してくれてありがとう」など）ではなく、受取人に感謝を感じた大切なことを認める、実のある手紙を作成するように指示されました。

参加者たちは内省し、表現豊かに、前向きに手紙を書くよう指示されました。この表現豊かに書くことが「やりすぎ」や「感謝疲れ」を誘発しないようにと、通数が3通と制限されました。

それまでの研究は1通の手紙に焦点を当てましたが、この研究では初めて、長期にわたる複数の手紙を調べるものとなりました。結果として、手紙を複数書くことは、幸福感や感謝において、有益で累積的な効果をもたらすことが示されました。

10分～15分（サンプルの35％の平均執筆時間）の3回に分けられた執筆時間と、長さは1ページ（サンプルの53％）だけで、ポジティブな変化をもたらしました。

手紙を書いた後、学生たちに気分や人生への満足度、感謝や幸福感を測るアンケートを取りました。研究者のスティーブン・トプファーによると、学生たちの幸福度は手紙を書くたびに上昇し、75％の学生は、研究が終わった後も手紙を書き続けたいと答えたと言います。[7]

このことは、意図的な活動として感謝の手紙を書くことが、比較的短期間で重要な利点を得ることにつながることを示唆しています。感謝というすでに存在しながらも静かな資源は、幸福感で満たすだけでなく、さらなる感謝の気持ちを育て、最終的には広範なウェルビーイングの追求に役立ちます。

トプファーと学生による別の研究では、同様に持続的に感謝の手紙を書くことが、鬱と身体的症状（うずきと痛み）のレベルにどう影響を及ぼすのかを調べました。

感謝の手紙の特徴である前向きで洞察力ある文章は、健康増進など多くの成果と関連していました。その結果、時間をかけて手紙を書いた人は、書いていない人に比べて鬱傾向が少ないことが示されました。おそらく、感謝の手紙を書くことで、抑うつ症状が軽減され、心身症を含めた身体の調子を改善することができるのでしょう。[8]

なぜ手紙を書くことは効果的なのか

手紙を書くことで気分が良くなることが多いことは知られていますが、先ほど見た実験が、なぜそれほど強い効果をもたらすのでしょう。心理学における研究では、どのようなことが分かっているのでしょうか。

一つには、具体的な言葉に変換することは、単に考えるだけよりも利点があるという点が、研究によって示されています。私たちは、書いたり話したりするよりずっと早く物事を考えています。

自分の考えを言葉に置き換える時、声に出すか紙に書くかいずれにせよ、考えるプロセスは遅くなります。それによって、思考はさらに現実的になり、より具体化され、詳細に述べることが促されます。

感謝の手紙を書く時間を取ると、相手のことを考えたり、急いで感謝の言葉を口にする際に出てこないような、相手の親切心を振り返ったりすることになります。時間がたつにつれ、話したり書いたりした感謝の言葉は、その人の全体的な感謝のレベルに長期的な変化を実際にもたらすことができます。

研究によると、感謝する傾向のある人たちは、贈り物、与える人、祝福、恩恵、幸運、運が良い、豊かさなどの言葉を使う特定の言語スタイルを持っていることが分かっています。感謝する傾向があまりない人たちは、心配、苦しみ、損失、不平といったことに心が奪われ、言葉はこれら否定的な側面に焦点を当てています。

書くことにより、私たちの現実を形作り始めるという面で、私たちは感謝の言葉を検討できるようになります。私たちは、より一層贈り物や恩恵に目を向けるようになり、心配ごとや苦しみを見なくなっていきます。

感情を言葉にすると、次のようなことも起こります。私たちの脳が実際に変化し始めます。最近の神経画像研究では、感謝に基づく神経可塑性の可能性が示唆されています。

多くの研究では、感情的なイメージについて話すと、話さずに同じイメージを見ているだけの場合と比べて、不快な感情の処理に関連する脳の領域（扁桃体）の活動が少なくなることが示されています。

人が怒りや恐ろしい顔の写真を見ると、扁桃体における活動が増加し、これが危険な時に身体を守るために一連の生物学的システムを活発化するアラームとして機能します。

科学者たちは、感情的な写真を認知すらできないぐらいすばやく表示した時でさえも、扁桃体の強い反応があることも確認しています。怒った顔を見て、それを怒った顔だと呼ぶことで、実際に脳の反応が変わります。

カリフォルニア大学ロサンゼルス校の研究者が実施した調査では、さまざまな感情の表情をしている画像を30人が見ました。[9]

その30人は、顔写真の下に示された、「怒り」や「恐怖」といった2つの単語を見て、どちらの感情が顔を説明しているかを選択するか、あるいは「ハリー」や「サリー」といった名前を見てその顔に適した性別の名前を選択しました。

参加者たちが「怒り」という単語を選択した時、扁桃体の活動が減少していました。しかし、参加者たちが「ハリー」という名前を選択した時には、そのような活動の減少が見られませんでした。これにより、脳に影響する原因はラベリングそのものではなく、感情的なラベリングであることが分かりました。

感情を言葉にすることで、否定的なことに関する脳の部分の活動が弱まるため、人の気分が改善される可能性があります。あなたがいかにうれしさや怒り、あるいはありがたみを感じているかを口にすることで、ただ黙って感情的なイメージを見ているだけの時に発生する脳の感情反応に影響を与えます。

したがって、日記を書いたり、感謝の手紙を書いたり、または感謝の気持ちを言葉に変える他の手段を用いたりすることの有効性は、神経科学が解明し始めた神経機構とも関連しているのではないかと思われます。

証言によって感謝を示す

日記や手紙を書くことは個人的に行われる活動ですが、皮肉にも、感謝の気持ちは人間関係の中で経験される社会的感情です。私たちが書く日記や手紙は、私たちにとって意味のある感謝の源である他者への証言と言えます。

私たちはこれらを共有することを意図します。だからこそ、これらの力は大きいのです。私たちは本質的に社会的動物です。なので私たちは、他の人たちと融合したいという願望を持ち、所属を切望するように創られています。そして、証言にはさまざまな形や表現があります。

感謝を示すことを中心に位置づけた世俗的、宗教的な儀式があります。すべての文化には、感謝を表現する特別な行事や伝統があります。収穫祭では、私たちが人生の贈り物を受け取ったと認識するための特別な機会が提供されます。

例えばユダヤ教では、素晴らしい贈り物に対する適切な対応は、神の確固たる愛と誠実さに対する賛美と感謝を公に宣言することです。神への感謝を表現することは、強い共同体的側面があり、公の証言により、信者の人生における神の恵みへの意識が喚起されます。この宣言は、個々人の人生や経験の中で起こったことを、喜びや祝いとしてより大きな共同体へ統合していく、感謝の証言の機能を果たしています。

アフリカ系米国人の教会で人気のある古典的な賛美の証言には、次のようなものがあります。「神様、今朝私を起こしてくれて、ありがとうございます。足に靴を履かせてくれて、ありがとうございます。衣服を着せてくれて、ありがとうございます。テーブルに食べ物を提供してくれて、ありがとうございます。神様、健康と強さ、そして私の手足の活動に感謝いたします。今朝、私が正しい心に包まれて目を覚ましたことに感謝いたします。」[10]

証言では、神が彼らの人生や生活においてどのようなことをしてくださったのかを、信者は聖書の言葉や自分なりの言葉で述べます。そして、証言する人たちのコミュニティはそれを認め、肯定します。

私が参加した大教会では、感謝祭の礼拝の際、神がどのように自分たちの人生の中で奇跡を起こしてくださったのか、その証を信徒の皆さんで共有できるようにマイクを渡すという伝統があります。

これは素晴らしい時間です。聴衆席には、感謝の気持ちが伝わってきます。涙が自然に頬を伝います。こうした感謝の証言は、決して特別なことや、非日常的なことではありません。これは、感謝を示すという共同で賛美する、世界中で毎週繰り返し行われる儀式です。

完璧な感謝

数年前、リーダーズ・ダイジェスト誌から「理想的な」感謝の要素とはどのようなものかという観点を踏まえ感謝の手紙へのコメントをしてほしい、と依頼されました。ジョージH・W・ブッシュ元大統領が、女優のゴールディ・ホーンに宛てた手紙に関する依頼だったのです。その手紙で、ジョージH・W・ブッシュ元大統領は、夕食会でのお付き合いに感謝を述べていました。

親愛なるゴールディ

まるで夢のようでした。あんなにくつろいだディナータイムを与えてくれて、ありがとうございます。ジェーン・ウェイントラウブが私の座る場所を教えてくれた時、ディナーパートナーのことをあまり知らなかったので、少しばかり心配していました。（私はあなたにダンスを頼みませんでしたが、その点については、このように見てください――あなたは今も素晴らしい2本の脚をお持ちでした。）あなたは素晴らしいディナーパートナーでした。私は歓迎されていると分かり、完全にくつろぐことができました。ゴルバチョフへの対応に関わる12の計画を明らかにする必要がありませんでした。素晴らしいご対応に感謝いたします。

グッドラック

ジョージ・ブッシュ[11]

私は、エミリー・ポストのようにエチケットについて語ることはできません。その上、私が元大統領の行動にコメントするのは僭越《せんえつ》だと思いました。そういう中で、依頼されたとおり分析したところ、ブッシュ元大統領は正しいことをすべて行っていたと捉えました。

すなわち、①ブッシュ元大統領の自嘲的なユーモアにより、注意が彼自身からそらされていました。②彼は自身が感謝を感じるきっかけとなったことにしっかりと焦点を合わせていました。③彼は、あまりにも一般的すぎる「すべてに感謝する」という表現を避け、ゴールディ・ホーンが提供してくれてありがたかったことを具体的に述べました。

Gratitude works !

4

職場での感謝

ホール・フーズでは、役員会も含めたすべての会議の最後に感謝の意を表します。自発的に感謝の気持ちを表明します。同僚が私たちにしてくれる思慮深さに感謝します。社全体に大きな愛情を解き放つ変革を行う上で、ホール・フーズでは、感謝の力がどれだけ効果的であったのかを過大評価しようとしてもなかなかできません。

――ジョン・マッキー（ホール・フーズ・マーケットCEO）[12]

数年前、ナショナル・サンキュー・ウィークの一環として、イギリスのビジネス現場が「感謝する人たち」と「感謝しない人たち」に分かれていることが調査で明らかになりました。

「感謝する人たち」とは、従業員に感謝し、やる気を引き出すことが重要であると認識している職場リーダーたちのことです。一方で、「感謝しない人たち」とは、そうしないリーダーたちのことです。

10年前と比べて今の方が、イギリスにおける管理者の感謝の言葉が上手になったと思うか、下手になったと思うかという質問に対して、調査対象者の22%が「上手になった」と答え、37%が「下手になった」と答えました。

その中でも幸いなことは、イギリスでフルタイムまたはパートタイム勤務で仕事をしている人のうち、一度も感謝を述べられたことがない人の割合が過去と比較して半減し、3分の1(30%)から6分の1(16%)になったのです。

労働人口の約半数(51%)が月に1回以上感謝を述べられている一方で、数カ月に1回あるいはそれ以下の頻度でしか感謝を述べられていない方々は、わずかに少ない44%でした。

レディング大学の戦略マーケティングの教授であり、ヘンリー・センター・フォー・カスタマー・マネジメントのディレクターであるモイラ・クラークは、次のように述べています。

「優れたスタッフは、どの組織にもまねできない唯一の競争優位性となるので、従業員が感謝され、尊重されていると感じるように扱われることが重要です。私が行った調査では、高い成果を出す企業、つまり顧客維持率の高い企業では、スタッフは頻繁に報われている、つまり感謝されていることが明らかになっています。しかしながら、低業績企業では、従業員は報われることよりも頻繁に罰せられます。例えば、無視されたり、懲戒されたりしています。」[13]

また、ワークライフバランスや給料の向上よりも、管理者から評価されていない、認められ感謝されていないと感じたために、前職を辞めた人の方が多いこともこの調査で明らかになりました。

10人に３人（34％）が、ワークライフバランスを求めて会社を退職したと答えたのに対して、５人に２人強（43％）は、自分が評価されていないと感じていたことが、退職を決断する際の大きな要因になっていると答えました。

従業員の入れ替えにかかる費用は約1万３０００ドルと見積もられることもあり、一貫した心からの感謝は費用対効果の高い施策です。[14]

ファストカンパニーのブロガー、ハワード・ジェイコブソンは、次のように書いています。

「私が知るほとんどの人は、牧師から親、レジ係からカーペット掃除係、建築家から会計士まで、ＧＤＤ（感謝の欠乏障害）に苦しんでいます。すべての善意や善い行動に関して、私たちは感謝よりもはるかに多くの非難を受けています。私たちは心からの承認や感謝を求めています。自分が重要であること、我々の努力で世界をより良い場所にしている、ということを知りたいのです。」[15]

ハードワークを感謝されたり、心から認められたりすると、本当に良い効果がもたらされ、従業員はより幸せになり、より一生懸命働くようになり、会社に長く在籍するようになることを、有能なリーダーたちはいつでも分かっています。

良い仕事に対して、個人的に感謝を述べることに時間を費やすことは、何の費用もかからず、生産性やビジネスの成功に大きな貢献を生み出すことにつながります。感謝されることは、生産性や定着率よりも、士気に影響を及ぼします。感謝が生産性と定着率にプラスまたは非常にプラスの効果があると答えたのは割合として10人中8人であるのに比べて、士気に効果があると答えたのは割合として10人中9人でした。

感謝は報われる

会計の際に、給仕係が伝票などに感謝の言葉を走り書きしたり、スマイリーフェイスを描いたりしたのを見たことがありますか？ それには理由があります。

給仕係が「Thank you」と書いたレストランの伝票は、感謝の意を表していない伝票よりも11％も高いチップを生みます。また、お礼状をメール調査に含めると、通常、回答率が高くなります。[16]

あるジュエリー店における調査では、感謝の電話を受けた顧客は、電話を受けなかった顧客よりも、翌月に店舗でたくさんの買い物をしたようです。さらに興味深いことに、感謝の電話を受けた顧客は、感謝の言葉に加えて『これから2カ月間、20％オフセールを行う』という案内をされた顧客よりも、購入額が大きかったのです。[17]

感謝に条件がつくと、私たちは同様に応じることはありません。マーケティングをする人たちは、感謝はビジネスにとって良いものだが、顧客の中で自然と湧き上がってくる方がなお良い、と分かっています。

人々は、感謝を表現するのに圧力をかけられるのを好みません。テキサス州のワイナリーを対象としたある調査では、ワイナリーにいる間、訪問者の感謝の気持ちが高いほど、テイスティングルームでのワインやお土産に使うお金が多いことが見られました。[18]ルイジアナ州立大学の調査によると、「ありがとう」と言うことは世論を形成するのに大いに役立ち、そして国の経済にさえも影響を与える可能性があります。

ルイジアナ州立大学のマーケティング教授、ランディ・ラッジョとジュディス・アン・ギャレットソン・フォルスの2人は、ハリケーン「カトリーナ」と「リタ」をきっかけに、全国的に展開された2つの感謝にまつわる活動を研究しました。

ルイジアナ州観光局が後援した1つの活動は、一連のテレビスポットでした。もう1つは、草の根の取り組みであり、90の看板やラジオスポットに「ルイジアナは感謝しています！」というメッセージを掲載したものです。

2006年4月と2006年11月に実施された2つのオンライン調査では、感謝の広告を見たり聞いたりした回答者は、そうでない回答者よりもルイジアナに対して肯定的な態度を示しました。実際、感謝広告に10回触れることは、他の州よりもルイジアナに旅行したいという回答者の意欲が1・5％増加しました。「たいていの広告は、8回～12回の露出後に影響を失うものの、これらは失われません」とラッジョは述べました。[19]

Gratitude works !

5

感謝する子に育てる

ニューヨーク州ロングアイランドにあるホフストラ大学の心理学者であるジェフリー・フローは、元学校心理学者で現在は研究を主とした教授であり、子どもたちに感謝を持って考えることを教える世界的な専門家です。ジェフリーは自身の息子が生後6カ月で初めてお礼状を書いたと言っています。

彼は若干大げさに言っていますがいいでしょう。子どもたちに感謝の気持ちを書いてもらうことが難しいため、できるだけ早くから始めることは悪い考えではありません。なぜ待つのでしょうか？ 感謝の実践は早く始めるべきです。

私たちは自分の子どもに、執拗《しつよう》に「ありがとう」と言うように教えています。あなたの子どもが幼稚園児の時に、「何を言うの？」と何度も促したことを覚えていますか？

ジェフの息子はともかく、ほとんどの子どもたちは幼稚園に上がるまで、自発的に「ありがとう」と言うことがありません。イギリスで行われた調査では、テーブルで学ぶ子どものマナーの中で最も望ましいものを保護者にリストアップしてもらいました。すると最初に挙げられたのが「ありがとうございます」でした。[20]

フローと私は、ジャコモ・ボノとアレックス・ウッドとともに、実験計画を立てました。その実験とは、8歳から11歳までの小学校のクラスを無作為に割り当て、感謝のカリキュラムを実施するというものでした。

カリキュラムは、恩恵を与えてくれた人の労力に対する深い認知と感謝を促すように、恩恵を与えてくれた人の意図を考えるように訓練するものでした。手順は次のとおりです。

あなたは丸々1週間、病気で学校を休んでいるとしましょう。あなたが病気であることを知った友人が、自宅まで、休んでいる間のノートや宿題を届けてくれます。この例では、友人はわざわざあなたを助けてくれています。偶然、あなたの家を通りかかったわけではありません。友人は、あなたが学校に来ていない状況や、必要な勉強のことを考慮し、意図的に宿題を渡して支援しました。[21]

続くセッションでは、恩恵を与えてくれた人が負ったコストについて考えるように促されました。

どなたかコストという言葉の意味を教えてくれる人はいますか?
先週ちょうど学んだように、誰かが私たちをあえて助ける際、同時に、彼らは何かを諦めているのです。例えば、「あなたの姉妹があなたの宿題を手伝うとしましょう。手伝うことで、その姉妹は自分の宿題を行う時間をいくらか諦めていることになります。」この例では、あなたの姉妹が諦めたものはどんなものでしょうか? 自分の宿題をする時間、知識の獲得や自身を助けるといったことが考えられるでしょう。[22]

同学年の2つ目のクラスには、注意を統制するカリキュラムが割り当てられました。このカリキュラムでは、感情的に中立で、恩恵のある人間関係とは関係のないトピックに焦点が当てられました。

両グループの生徒は、3つの異なる支援状況を描いたショートストーリーを読みます。彼らはその話の主人公であると想像するよう指示されました。

各話では、生徒たちは4つの質問を受けました。質問は、それぞれの恩人(姉妹、友人、親など)と状況(勉強を助けてくれる、サッカーをするためのすべり止めを貸してくれる、コンピュータを共有してくれるなど)に合わせて仕立てられていました。

質問を通じて私たちは3つの認知を測定しようとしました。例えば「姉妹」を使った話では、宿題を手伝う姉妹について、次の質問をしました。

・「あなたの姉妹は、どの程度意図的に、あなたを助けましたか?」(意図を測定することが目的)
・「あなたの姉妹は、あなたを助けるために、どの程度のことを諦めましたか?」(コストを測定することが目的)
・「あなたの姉妹はどれくらい、あなたを助けましたか?」

感謝グループの学生たちにおいては、シェル・シルバスタインの『The Giving Tree』(邦題『おおきな木』)も読みました。ある木について書かれた古典的名著です。内容は、気ままな男の子のために、木が緑豊かな遊び場となり、日陰を提供し、リンゴを渡すことから始まります。そして、その男の子のために多くの犠牲が生み出されたことで終わります。この本は、感謝における意図やコストの役割がしっかり描かれているものとして使用されました。

そしてこの研究に参加した教師は生徒たちに、(マルチメディア)プレゼンテーションを提供してくれたＰＴＡに向けて、感謝の意を表する絵や手紙を書く機会を与えました。教師は皆、プレゼンテーション後に教室に戻ってくる生徒に、次の指示を読み上げたのです。

あなたが見たプレゼンテーションは、ＰＴＡによってなされたものです。約5分間、ここで自由時間としましょう。この時間で、与えられた紙を使ってＰＴＡ宛ての感謝カードを書いてもよいし、うろうろしていても構いません。何かを書き、絵を描いて感謝を述べることを好む人もいます。皆さんが感謝カードを書く場合、ペン、鉛筆、クレヨン、マーカーなどを使って書いた手紙でもよいし、絵でも構いません。自由です。もし、感謝カードを書くなら、誰からのカードなのかが分かるよう、あなたの姓名が必ず見えるようにしてください。後ほど、私がＰＴＡに渡します。[23]

この後、教師たちは絵や手紙を回収し、クラス名簿内の名前にマルをつけながら、誰が書いているかを確認しました。そして教師たちは、絵と手紙を校舎担当の学校心理学者に渡して、ＰＴＡに送付しました。

感謝カリキュラムを受けた子どもたちは80％以上と、対照群の子どもたちよりも多く、ＰＴＡに感謝カードを書いていました。教師たちは、彼らが対照群と比較して、より一層幸福感を感じ、さらに多くを与えていると分かりました。

このことにより、私たちが子どもに対して、助けてくれた人たちのコストや意図を今まで以上に意識するように教えたり、あるいは感謝の気持ちを表現する習慣を養うようにと教えたりできることが明らかになりました。

別の研究では、89名の子どもや青年が、感謝の手紙を書くか否かへとランダムに振り分けられました。彼らは次のように依頼されました。

「とりわけ親切にしてくれたにもかかわらず、きちんと感謝をしていない人――例えば、両親、友人、コーチ、チームメイトのことを考えてください。そして、来週個別に対面で会える人を1人選んでください。その人へ感謝の手紙を書いて届けることが、あなたの課題です。」

対照群の学生は、次の指示を受けました。「感情を表現することは良いことです。昨日のことを考えてください。あなたが行ったこと、そして、それをしているときにどんなふうに感じたのかを書き出してください。」

ある17歳の女子学生が母親に書いた感謝の手紙の抜粋が、次のものです。

日々お母さんが私にしてくれることや、私の人生全体においてしてくれたことすべてに感謝するために、時間を取りたいと思います。

毎日、学校に車で一緒に行ってもらっていること、日常の出来事を聞いてくれて、気に掛けてくれていることに大変感謝しています。また、教会のためにしてくれていること、すべてに感謝します。毎週あなたは、多くの人たちが日曜日に神を賛美できるよう、礼拝の列を整え、働いてくれています。

必要な時、いつもそばにいてくれることに感謝します。世間の人たちが私に反対するような時でも、あなたは私のために立ち上がってくれ、私が自分の弁明ができない時でも、あなたが私の声にもなってくれたこと、感謝しています。私の人生を心配し、関わってくれようとしていること、感謝しています。嵐が来るたびに乗り越えるよう励ましの言葉を掛け、愛情深い抱擁をしてくれることに感謝します。寒い雨の中での無数の試合の時でも、最後までいてくれて、さらに夕食を作ってくれて、あなたがすることすべてに感謝します。

あなたが私の母親であること、私は本当に恵まれています。あなたなしで私が何をすることができたでしょうか。分かりません。愛しています。百万の抱擁とキッスを。

学生に、日々の出来事について感謝の手紙か日記を書くようにと、5日間にわたり毎日10分～15分間が与えられました。

当初は幸福度が低かった若者が、この研究プロジェクト後と、2カ月後のフォローアップの時点で、より一層の感謝と幸福感を報告したことが、結果として示されました。

ポジティブな感情が高い若者は、自発的にやる気を出し、より批評的で柔軟に物事を考え、より意欲的に計画を立て自身の学びをチェックします。これは、かなり有力な知見です。

対照的に、幸福感の低い人々は、学校から離れ、諸活動からも遠ざかり、関係者に抵抗する傾向があります。[24]

今日のソーシャルメディア時代では、手紙を書くことは、過去からの不可解な遺物として見られそうです。若者は、このような一見陳腐化しているように見える行為に、どうすれば取り組むようになるのでしょうか。そのためには、感謝の実践を、楽しく刺激的なものにすることが不可欠です。

例えば、フローは学校心理学者として活動している時、カウンセリングの間に使用するようにと才能あるアスペルガー症候群の学生に画材を渡す美術の先生を思い出します（絵を描くことが彼のストレスを低減します）。

「感謝しています」と口頭で伝えたり、手紙に書いて先生へ読み上げる代わりに、学生は、カラフルな花束を渡す漫画のキャラクターを描き、それを先生に直接渡しました。伝統的な感謝表現を押しつけられていたとしたら、学生は無視し、先生の優しさにうまく応対しなかったかもしれませんし、先生もその学生が恩知らずに見えてしまったかもしれません。

大人が励まし、サポートし、そしてオープンに接したことで、その学生は、楽しく、創造的で、やりがいのある方法で感謝を伝えることができました。[25]

Gratitude works！ 6

かかる時間は問題ではない

誰かがあなたの代わりに犠牲を払っていたことに気づいたら、その人のもとへ行き、感謝しましょう。いくばくかの時間がかかったとしても。

元米国公衆衛生局長官のC・エベレット・クープは、このことに関して、最も若かった患者のことを思い出します。「ある日、小児病院で、近くの病院から横隔膜ヘルニアで死にかけている新生児がいると電話を受けました。猛スピードでそこまで運転し、9階まで駆け上がって、戻ってきました」。

クープが赤ん坊をテーブルに置いた時、その小さな男の子は血の気が失せ、生命を失いかけていました。「無菌処置の時間がない中、赤ん坊の胸を開き、鼓動し始めるまで小さな心臓を指でマッサージしました。そうして、手術を終えました」とクープは書いています。

約25年がたった頃、クープの秘書は、大きくてがっしりとした6フィート4インチの若者をオフィスに案内しました。「あなたが私に会いたがっているだろうと、父は考えたのです」と、その若者はクープに話しました。

「私が生後55分だった時、あなたは私を手術してくれました。」クープは机の周囲を駆け回った後、その若者を抱きしめました。[26]

心のこもった感謝を受け取る側になることは、素晴らしい気持ちになるものです。感謝を表現することが受け取る側へ及ぼす影響は、科学者によって体系的に研究されてきたわけではありませんが、尽力したことが他者に認められることはどのようなものかを、私たちは皆、分かっています。

ただし、感謝を受け取ることは素晴らしい気分になる一方で、感謝を期待すべきではないでしょう。クープが自身のオフィスで、これだけの年月、患者が来るのを待っていたとした場合を想像してみてください。

英国の詩人で作家のエリザベス・ビベスコは、「与えたことを忘れることができ、一方で受け取ったものを忘れずにいられる人が恵まれる」と述べています。[27]

感謝とは心の記憶と言えますが、寛大とは与える側が忘れてしまうことなのです。

第4章

精神的な規律を通じて感謝の気持ちを育む

Gratitude works！

1

規律が成長を促す

休暇で旅行をする時、私はよく、精神的な規律に関する本を読みたいと感じることがあります。理由はよく分かりませんが、旅の自由奔放さやどこか緩んだ感じの対極にあるものとして使っているように思います。

最近のディズニーワールドへの旅行では、ダラス・ウィラードの著作で、古典的な「The Spirit of the Disciplines」[1]に加え、ダウンロードした精神的修養に関する2冊を携えました。マジックキングダムに向かう途中、これらの規律を実際に試すことがあるならばやってみようと思っていました。

南カリフォルニア大学の哲学分野の教授であるウィラードは、自身の著作と講義を通じ、世界的に影響を及ぼしました。ウィラードの著作と講義は、「精神の果実」をいかに育てるか、すなわち、愛、喜び、平和、寛容、親切、善意、誠実、柔和、自制（ガラテヤ人への手紙5：22-23）に関するものです。成長は、祈り、親交、奉仕、学問、質素、純潔、孤独、ファスティングといった意図的な精神的規律を通して生じます。

規律とは何でしょうか？　ウィラードによると、それは「私たちの力、つまり私たちができる何かであり、今はできないことを努力を通じてできるようになるところまで連れて行ってくれる」活動です。[2]

新約聖書の中で翻訳されている「規律（discipline）」という言葉は、ギリシャ語のgumnasiaであり、その言葉から英語のgymnasium（体育館・ジム）や、gymnastics（体操）という単語が出てきます。

どちらも、規律あるエクササイズによる成長の追求を示しています。エクササイズという規律がなければ、私たちは成長することができません。本を書くために言語を学ぶことから、オリンピックで２００メートルの個人メドレーを泳ぐに至るまで、すべてのことにおいて規律が不可欠です。

規律という言葉を聞くと、いろいろなことを連想するかもしれません。それらすべてが肯定的なものとは限りません。

反抗や違反をしたときの罰を意味するならば、誰も罰せられるのを好むことはないでしょう。私たちは処罰について考えると、校長室に（あるいは、もっと悪ければ教頭室にも）送られたような嫌な記憶を思い出し、穏やかな気持ちでいられないこともあるでしょう。

あるいは、弟子（disciple）として捉えられたくもないかもしれません。この言葉は「何をすべきか」「何を考えるべきか」を教わる必要がある人のイメージを思い出させるからです。

ここで論じられているdisciplineは、人格の強さを示しています。弟子（disciple）とは、実践ステップやエクササイズといった知恵を、謙虚な姿勢を持ち、感謝を感じながら活用する人のことです。

歴史ある実践ステップやエクササイズは、厳密な観点で実践することでもあります。それはすべて良いことです。

『The Spirit of the Disciplines』の中で、ダラス・ウィラードは異なる15の精神的規律を特定しましたが、そこでは感謝に言及しませんでした。

数年前、私は専門会議での昼食会の際に、好運とも言える機会を得ました。ウィラードの隣の席に座るチャンスが訪れたのです。その時「感謝は15の精神的規律のうち、どこに合うと思いますか？」とウィラードに尋ねました。

すると、ウィラードは南部バプテスト連盟（プロテスタントの一教派）ですが、食事の手を止め、真剣に考え答えてくださいました。「お祝い（Celebration）です。感謝は、お祝いに関することですね」と。

私たちが、神とはどんな存在で、神が私たちのためにしてくださったことの素晴らしさを考えるように、喜びを持って人生やその贈り物すべてを受け取る時、私たちはお祝いをしている、とウィラードは私に言いました。「神聖な喜びは、絶望への大いなる対策となり、本物の感謝の源泉となります」とウィラードは、『The Spirit of the Disciplines』に書きました。[3]

また、お祝いは、感謝の偉大なる教師であるブラザー・デヴィッド・スタインドル＝ラストが、感謝のあたたかな気持ちの核心として見なしたものです。彼は、お祝いという言葉に、「知的かつ感情的な理解が高まり焦点化された行為」と意味づけました。[4]

私はこの定義を大変好んでいます。私たちは、贈り物を受け取り、その価値を認識し、そしてその真の価値を深く把握するようになります。（自然にであっても、あるいはじっくりよく考えたことであってもどちらにしても）真に深く理解する中で、知的な焦点は鋭敏となり、感情的反応は高まります。これを私たちは感謝と呼びます。

Gratitude works!

2

感謝への道

すべての宗教には、何世紀にもわたって受け継がれてきた精神的な慣例があります。仏教徒は香を焚《た》いて瞑想します。イスラム教徒はメッカの方角に向かい、祈りの敷物の上で毎日5回祈ります。忠実なユダヤ教徒は、ユダヤ教の教えに沿った食品だけを食べます。キリスト教徒は聖典を暗記し、小グループを構成します。

さまざまな伝統では、非常に多くの慣例があるので、私たちはそれらすべてを扱うことはできません。そこで、人生における感謝を育むのに特に有用だと私が捉えたいくつかを検討しようと思います。

精神的な慣例と感謝の実践とのつながりは古く歴史的なものです。感謝は、普遍的な宗教的情緒であり、古代の経典や伝統的賛美歌で描かれる感謝の捧げや、現代の賛美や礼拝の合唱にもはっきりと表れています。

精神的な規律を通して感謝を育むことは、すべての偉大な宗教的伝統において、普遍的に、精神的成熟のしるしとして扱われてきました。

これらの慣例が感謝を育むのに、いかに重要な貢献をしているかについて私は検討しました。特に、感謝を感じて生きるために、障害となるものを克服するのに役立つという点において検討しました。

キリスト教の伝統では、精神的規律は、根づいた悪い習慣を取り除くのを促すだけなく、信者が神の恵みを受けるのに役立ちます。恵みは、何物にも代えがたいものです。Gratitude（感謝）という単語はラテン語のgratiaに由来し、それは神の恵み、慈悲深さ、感謝の気持ちを意味しています。

このラテン語をルーツとした派生語はすべて、優しさ、寛大さ、贈り物、与え受け取る美しさ、無償で得ることに関係しています。キリスト教徒にとって、神の恩恵を意識することなく感謝を育むことは不可能です。そして実践によって、人は恵みの瞬間に敏感になります。

この章では、一般的ではないものの感謝を育むことに関係する実践や慣例のいくつか（ファスティング、孤独と静寂、質素、告白）が、どのように効果的であるのかについて検討します。もちろん他にもさまざまな規律がありますが、私は見落とされてきたものをいくつか取り上げました。

効果的となる日記の書き方が人によって異なるように、他の規律ではなく、ある特定の規律に惹《ひ》かれるかもしれません。それでよいのです。一番必要だと思うものから始めればよいのです。

後に登場する「試してみましょう」欄では、各規律を実践するための具体的なことをお伝えします。

ファスティング（断食）

今度、テレビを見る時に、食べ物に関するコマーシャルの数に注意してみてください。2012年の夏季オリンピック期間中、非公式ではありますが私が行った調査では、全広告の約半数が食べ物に関するものでした。中でも、ファストフードレストランに関するものが最も多かったです。

さらに、料理チャレンジやレストラン改装を中心としたリアリティ番組が激増していることを考えると、私たちは食品や食べることに夢中になっているとうかがい知ることができます。ニコロデオン、ディズニーチャンネル、カートゥーンネットワークにおける幼児向け番組に対して行われた最近の調査によると、30分刻みで96ある枠に、食品関連の広告は計130ありました。広告の嵐にさらされることは肥満率の増加とよく関係づけられますが、私がより興味を持っているのは、これらが感謝を感じたり、感謝を表現したりする能力に与える影響です。

ファスティングとは、一定期間、食べ物、時には飲み物を自発的に断つことであり、世界の多くの宗教的伝統の中で長い歴史を持つ規律です。例えばユダヤ教では、新年のお祝いから10日、イスラム教ではラマダンの月にあたります。

確かに、私たちの生活において食べ物とは神の大いなる恵みの1つであり、真の喜びであり、本当に必要なものと言えます。私が収集した感謝日記には、食べ物の恵みが頻繁に記されています。「温かい食事」、「新しいレシピ」、「七面鳥のハンバーガーを味わった」、「美味なるベーコン」といったものが取り上げられていました。しかし、食べ物や飲み物を一時的に断つことで、深く持続的な感謝を育むことができます。

人々は、さまざまな精神的理由でファスティングを行います。祈りの生活を強化するため、神の導きを求めるため、救いや保護を求めるため、謙虚になるため、悔い改めるため、誘惑に打ち勝つため、神への愛と崇拝を表現するためなどです。

ファスティングはまた、さまざまな心理的、精神的、そして健康上の利益をもたらす可能性を秘めています。最近の研究では、定期的なファスティングがアルツハイマー病やパーキンソン病などの脳疾患を防ぐことができる可能性があることさえ分かっています。[5]

しかし、ファスティングは、一般的に、感謝の念を育む方法とは見なされていません。なぜでしょうか？

ラマダン期間中にファスティングをする世界中の10億人ほどのイスラム教徒は、全能の神が人類に食料という恵みを与えてくださった、神の無限のご利益をしっかり理解するようになります。感謝の念を育むことはイスラム教の中心的な目的であり、ラマダン期間中にファスティングを意図的に行うことほど、感謝を育む精神的な慣例はありません。

イスラム教徒はファスティングを通して、全能者の恵みに感謝し、全能者への信頼を強固にします。預言者ムハンマドは定期的に、時には何カ月にもわたってファスティングし、義務として行うラマダンの月以外にファスティングすることを、自身の信者に勧めました。

ファスティングはまた、私たちがどれだけの時間とエネルギーを食べ物や食事に注いでいるのかをあらわにし、ファスティングをすることが、自らの精神的成長に専念する力に影響を与えます。ファスティングにより、私たちは注視する対象を変え、別の方へ私たちを方向づけます。このことがすべての規律の中で最も重要であり、最も見過ごされてきたことの1つである、と述べた人たちもいます。

ローレン・ウィナーは、ファスティングを続ける自身の苦闘に触れつつ、ファスティングは心を再度整え、飽食の状態では自らが自立しているという幻想を持ってしまうところを、私たちは他に依存して生活しているんだとしっかり認識させると著書『Mudhouse Sabbath』の中で述べています。

ファスティングについてのユダヤ人ガイドは、「この慣例、実践の中心にあるのは、すぐにやらなければいけないことから意識を遠ざけ、より精神的なことに集中したいという願いなのです」と述べています。[6]

一旦、定期的にファスティングができるようになれば、他のあらゆる種類の欠乏にでも耐えられるようになります。ファスティングは、感謝の気持ちを育むのに役立ちます。なぜなら、ファスティングをするとき、満たされない願いを持ちながらも生きていくことができるということを学ぶからです。それはまた、一般に、食べ物に感謝し、ファスティング後の最初の食事の特別に豊かな香り、光景、そして味の見事さを味わう能力を高めます。

ファスティングを時々することで、感謝を呼び起こすことができるのはなぜでしょうか。

私は、さまざまな経歴や人生経験を持つ人々へのインタビューを通じて、人生に対する本物の深い感謝の気持ちには、ある程度の欠乏が必要であると結論づけました。

私たちは失うまで、恵みを認識できないことがあります。人生のある側面において何かを失ったり、失う恐れを感じる時、人生の他の側面がより貴重なものに見えることがあります。

私たちは、死に瀕した経験からかろうじて脱した人々が、人生が提供するあらゆる可能性を活用するようになる、と聞いたことがあります。本当にありがたいと思う過程を通じて、かつて当たり前だったものが、特別なものに見えるようになります。

手に入らない可能性のある何か（誰か）ほど、私たちがその価値を高く認めることはありません。心理学者はこれを「希少性の原理」と呼び、手に入る機会が少ないときに、より大きな価値を感じるということです。

メシア・カレッジのマイケル・ジガレッリ教授は、定期的なファスティングと感謝の間に正の関係があることを発見しました。

ジガレッリ教授は、感謝をする人たちは、あまり感謝しない人たちと比べて、定期的にファスティングに取り組む可能性がはるかに高いと報告しています。

これは必ずしも因果関係を示しているわけではありません。それは、感謝の気持ちが定期的なファスティングに従事するように導いているのかもしれませんし、またはこの2つには相関関係があるものの因果関係がないかもしれません。

とはいえ、これらは、ファスティングという規律と感謝の気持ちが増えることとの関連性を示す最初のデータと言えます。[7] ただし「さらなる研究が必要です」という決まり文句が、ここでも当てはまります。

[試してみましょう]

・感謝の気持ちを高めるため、ファスティングしようと決めてみましょう。
・ファスティングに慣れていないなら、丸1日ではなく1食から始めてみてはいかがでしょうか。
・食事の準備から、食事をして、後片付けをするまでに費やす時間を、今日受け取った恩恵を振り返る時間にあてましょう。
・食事で節約した金額を見積もり、自分よりも恵まれない人々に奉仕するフードバンクなどの慈善団体に寄付するのも一案かもしれません。
・その日は1日中、祈る姿勢を持ちましょう。肉体的な空腹を精神的な渇望へと変えてみましょう。

沈黙と孤独

大手企業の元CEOが59歳の時に、殺伐とした競争に疲れて、より簡素で穏やかな人生を望むという話があります。彼は修道院に入り、7年ごとに2つの言葉しか話せないという沈黙の誓いを立てます。

最初の7年が過ぎた後、修道院長は彼を呼び出し、何か言いたいことはないかと彼に尋ねます。「ベッドが固い（bed hard）」と彼は言います。修道院長はうなずき彼を行かせます。さらに7年の月日がたちます。修道院長は彼を連れ戻し、2つの言葉を尋ねます。彼はせき払いし、「食事がひどい（food bad）」と言います。修道院長はうなずき、彼を行かせます。

さらに7年がたちました。もう一度彼は修道院長の前に現れます。「何か言うことがありますか？」と修道院長が尋ねます。「辞めます（I quit）」と彼は言います。「それは当然のことです」と修道院長は答えました。「あなたはここに来てから不平を言う以外のことは何もしなかったのです。」

沈黙と孤独は、生活の中でのうまくいっていないことに焦点を合わせる時間を私たちにもたらしますが、実りある使い方をすれば人生における贈り物へとより一層意識を向けることができます。

沈黙と孤独を組み合わせるのが、実際、最も効果的です。沈黙はいつも孤独というわけではありませんが、常に孤独の一部が沈黙です。

沈黙、つまり精神的な目的に沿った完全なる静寂は、育てることが最も難しい規律の1つです。というのは、私たちは、音がないところなどどこにもないような世界の中におり、沈黙する機会がほとんどないからです。

しかし、沈黙は内面的生活を育むための価値ある実践です。これら沈黙や孤独といった規律は、さまざまな宗教的伝統の中で一緒に議論されることが多いため、私はこれらを1つの実践として考えます。

最愛の教師であり神学者であるアンリ・ノーウェンは、「孤独なしでは、精神的生活を送ることは事実上不可能である」と書きました。[8]

信心深い作家であるリチャード・フォスターは、孤独は場所というよりも、精神と心の状態であると言います。[9] 孤独になるために文字どおり一人でいる必要はありません。いつでもできる心の孤独があります。人が集まっているか否かは、このような内向きの注意力とはほとんど関係ありません。私たちのほとんどにとって、単純に人から離れることが現実的ではないため、これは好都合です。

同じように、仏教徒は、身体の孤独と精神の孤独を区別しています。身体、物理的な孤独は私たちが皆よく知っているものです。精神的な孤独は静寂、心と口を静めることになります。

他人から離れることが、精神的孤独の必要条件ではありません。人は、他人がいる中でも精神的な孤独を経験することもあります。見知らぬ人たちの中で「一人」でいる時や、親密なカップルが親交を育むためにあえて距離を置くというような時です。
こういう場合、人は、無礼さを控えながらも意識的に、社会的交流を持とうとする欲求を退けることを選択します。自分の空間を確保し、社会活動の台風に巻き込まれないようにしています。
心理学的なレンズを通して見るならば、孤独は逆説的です。私たちの奥深くには、愛着、所属、社会性へのニーズがありますが、それでも人々は孤独な時間を過ごしたいと思っています。なぜなのでしょうか？
オックスフォード英語辞典では、「孤独」を、主に「一人でいたり一人で生活している状態。寂しさ、隔離、（人が）一人であろうとすること」と定義しています。[10]
しかし、孤独は寂しさとは大きく異なります。寂しさは、私たちが最も避けたい否定的な感情状態であり、人の社会的関係の数や程度が足りないことを示しています。私たちは一人の時間を過ごすことを選ぶかもしれませんが、それは、寂しくなることを選んでいるわけではありません。
調査によると、思春期の若者が1日の4分の1の時間を物理的に一人で過ごす（これは家族と一緒に過ごす時間よりも長い）一方、大人は起きている時間のうち、一人で過ごす時間は若者より若干多く、約29％です。[11]
そして、私たちは、もっと一人の時間を欲しがっています。１９９０年代半ばに行われたウォール・ストリート・ジャーナル／ＮＢＣニュースの世論調査では、米国居住者の31％がもっと自分の時間が欲しいと望んでいたのに対し、今より少なくてよいと答えたのは6％だけでした。[12] 人々は一人の時間には自分にとって利点があると分かっているため、もっと多くの時間を一人で過ごしたいと望んでいるのです。

孤独には、自由の感覚が得られ、創造性が向上し、精神性が進化するという利点があります。そして皮肉なことに、社会に戻った時には他者と親密になる力が向上しています。

一人でいると、多くの人が親密さの感情を体感します。ソローはウォルデンに滞在中、「特に誰も呼び掛けにこない朝は、自宅にたくさんの仲間がいる」と書いています。[13]

発達精神分析家のドナルド・ウィニコットは、思春期または成人として一人でいる能力を育てるためには、幼児期に、世話者がいるところで、一人でいることを学ぶ必要があると主張しました。後々の寂しさや不安を避けるためには、世話者によって提供される支援環境を得て、それを自分の自己観や世界観に組み入れなければなりません。

私は、他者が絶えず安心感を与えてくれたり、その場にいてくれなくても、私を愛してくれていることを知っています。私は、私自身とともにいることに快適さを感じます。こういったこともあり、ウィニコットは、一人でいる能力を養った人は、本当の意味で決して一人ではないと主張しました。[14]

歴史の中で、哲学者、精神的指導者、芸術家たちは孤独の恩恵を証言してきました。精神的指導者であるモーセ、イエス、ムハンマド、ブッダは、皆共通して孤独を求めました。そして、他者と新たな目的意識を共有したり、人生で本当に重要なことを共有したりするために、彼らの元へ戻りました。

孤独は沈黙を可能にし、神との関わりへのゆとりを持ちます。孤独と沈黙の中で、あなたは「あなたがたに恵もうと待っておられる」（イザヤ書30章18節）神に近づいています。私たちには、孤独と沈黙の中で自分よりも大きな力とつながるという選択肢があり、どこにいようとも、今すぐ始めることができます。

18世紀のニューイングランドの偉大な牧師であり神学者であったジョナサン・エドワーズは、神と語り合うために自然の中で滞在したことで知られています。ジョナサンは古典的な心理学的書籍『Religious Affections』の中でこう書いています。

仲間といる時にも影響を受けるものですが、静かに瞑想し、祈り、一人で神と会話し、世間から離れている時ほどのものはありません。真のキリスト教徒は、宗教的親睦やキリスト教に関わる会話に喜び、その中で自分の心を動かすものが多くあります。しかし、時には、人から離れ、孤独に神と会話することに喜びを得ます。このことはまた、キリスト教徒の心をしっかり定め、愛情を確かなものにする特別な利点があります。真の宗教は、聖なる瞑想や祈りのために、孤独になれる場所で独りになろうとする気にさせます。（中略）キリスト教社会を愛すとともに、神と密かに会話することも愛すのが、神の恵みの性質です。[15]

エドワーズは、承認（感謝、愛、喜び）か、不承認（憎しみ、恐れ、悲しみ）かのどちらに特徴づけられるかによって、愛情を2つのグループに分けました。

「神への心地よい喜び」と彼が呼ぶものの中へと信者が意識を向けられるようになる孤独の内省時間によって、承認に基づいた愛情が引き起こされたり、強化されたりすると彼は信じました。

【試してみましょう】

・次に一人で運転する機会があれば、良いラジオ番組がないかといろいろ探すような誘惑に、のらないようにしてみましょう。
・自らの言葉で沈黙をなくそうとしてしまうのは、どれくらいの頻度かを確認してみましょう。
・言葉を発さずに丸1日を過ごしてみましょう。（家族にあなたの目標を伝えた上で）
・年に数回、数時間から数日間、祈りや瞑想をしてみましょう。
・孤独を念頭に置き、少なくとも年に1回は一人になってみましょう。静かにできるようにあらかじめ時間を確保しておきましょう。これを行うには多少の計画が求められるでしょうが、一人になることで感謝の気持ちを再充電することが分かるでしょう。

質素

ティム・カッサーは、イリノイ州ゲイルズバーグにあるノックス大学の教授で、心理学部長です。ティムは物質的なものに対する態度と、幸せや不幸せのレベルとの関係を長い間研究してきました。カッサー夫妻は、イリノイ州の田舎の農場で２人の男の子を育て、カッサー自身が説いている内容を自ら実践しています。

カッサーのメッセージとカッサーの本『The High Price of Materialism』[16]に30ドルの価値があることに納得し、私はカッサー家の自宅にはケーブルテレビ、携帯電話、インターネットがないことを知りました。

彼らは基本的にテレビを見ません。息子たちがゲームをできる時間は、１日に30分から45分までと制限されています。ただし、クーポンを獲得すればゲーム時間を増やすことは可能です。

彼らは食べ物の多くを自給しています。クリスマスには、息子たちは靴下に収まるくらいの小さなプレゼントを受け取ります。１つがサンタからで、もう1つが両親からです。

要するに質素であり、意図的に非物質主義的な生活を送っているのです。物質主義的なライフスタイルとは、基本的なニーズを満たすために、必要以上の消費財の蓄積と獲得を基本とするものです。

カッサーの研究は、より多くの富や物質的な所有を目指すと、満足する能力が損なわれることを示しています。驚くほどの新しい考えではありませんが、カッサーは、この原則が西洋文化と東洋文化を通じて適用されることを示しながら、主張を進めました。

質素な生活にはさまざまな特徴がありますが、その中でも主なことは、物質主義的な追求を避けた生活です。最近の多くの研究において、物質主義は物質的追求に価値を置くほど、憂鬱、ねたみや敵意を含む他の苦痛となる感情状態に陥るリスクが高まるという点で、人々を感情的な負債に陥れる可能性があることが分かっています。

一方で感謝は、このコストを下げるのに役立ちます。この研究では、高いレベルの物質主義によって悪化している個人的、社会的、環境的な問題の数々が記録されています。私たちの研究では、人々は、不安や低い自尊感情に対処する手段として、名声や所有物を追い求め貯《た》めることが見いだされました。

感謝は、他人から受け取るものに焦点を当てるため、これを是正します。そして、このことが自尊感情や自尊心を高めうるのです。

感謝する人たちは、他人がどのように自身を支えてくれているかに焦点を当て、自身の人生をより安全で完全なものであると見なします。したがって、不安な自己イメージに対応すべく物質面の蓄積に依存する可能性が低くなります。

研究に参加してくれた18歳の女性は、次のようなものを共有してくれました。

物質的な所有物と社会的地位は人を作りません。「もっと」は良いという意味ではないと認識することが重要です。実際、「もっと」傾向のある人は、ちょっとしたことを当然のことと捉えがちです。なぜなら、それらのことを得る権利があると感じているからです。「少なくてよい」人の方が、持っているものをより高く評価する傾向があります。私はこのことを人生で学びました。そして、以前は私がうらやましがっていた周りの人たちを見ると、物では埋められないむなしさを感じていることに気づきました。[17]

私は、物質主義や消費主義の良くない点について講義するつもりはありません（例えば、本書をご購入くださったことに感謝しています）。

一部の研究心理学者たちが善意でやっていることは分かっていますが、消費主義の危険性を論じる際に、彼らが示す福音主義的な熱意には心地よさを感じません。

良識ある社会科学者たちは、時にデータを超えて過度な説得をしてしまうことがあります。例えば「土曜日の午後にショッピングモールに車を走らせ、使い古した家電製品の代替品を探したり、衣装棚を買い替えたりすることは、自分自身や子どもたち、そして地球に、取り返しのつかない害を及ぼしている」というように。

お金に関して、私は自由主義寄りであり、私自身の意志を他者に押しつけるつもりはありません。しかし、わが国（米国）は２００８年に始まった長引く経済危機に耐えているため、これらの研究による知見は、彼らに展望となるような助言を与えることになります。

感謝とは、求めるものを手に入れることよりも、手に入れているものに満たされることも含むため、感謝の感覚を育むことは、その瞬間の贈り物の真価を認めることを育み、過去の後悔や将来の不安から自由になる経験を促すのに役立ちます。

「もっと欲しい」と「持っているものに満足している」の違い

テキサス工科大学の心理学者ジェフ・ラーセンは、ある研究で、大学生に自動車、ステレオ、ベッドなど52の異なる物品の項目リストを渡し、それらを所有しているかどうかを尋ねました。

例えば学生が車を所有していた場合、研究者たちは学生に、持っている車にどれだけ満足しているかを評価するよう依頼しました。車を持っていない人には、どれくらい車が欲しいかを評価するよう頼みました。

自分が持っている物により満足している人たちは、自分が持っている物にあまり満足していない人たちよりも幸せでした。一方で、欲しい物のうち、より多くを実際に持っている学生は、望む物をあまり持っていない学生よりも幸せである傾向が見られました。

より一層欲しがることと、すでに持っている物に満足することは、まったく異なります。感謝する上での敵となるのは、物質主義そのものではなく、すでに持っている物に対する真価を理解することとの欠如なのです。今ある物と異なる物を望むのは、後悔や何度も心配するような思考のようなものです。感謝ではありません。

ラーセンたちは、欲しがることと持っていることを定量化することで、この見解について調べました。

参加者たちは、最初に、その項目にあるものを持っているかどうかを回答しました。最初の問いに「はい」と答えた人には、次の2つの質問に回答してもらいました。①「あなたが持っている○○に、どれくらい満足していますか？」、②「どの程度、別の○○が欲しいですか？」また、最初の問いに「いいえ」と答えるならば、その項目のものをどれくらい欲しいかを単に答えるだけとしました。[18]

より一層欲しがることは、より不安や不幸せと関連していました。一方で、より一層欲しがることは自分が持っているものに満足することとは無関係でした。

この研究から得られた知見は、あなたがすでに持っているものに満足する限り、それ以上のものを欲しがったとしても、あなたの幸福感を損なうことはない、ということです。もっと欲しいと思うことで、人は自分が持っているものを少なくしたいとは思わなかったのです。

マインドフルな物質主義

この本を家で読んでいるなら、今いる部屋を見回し、周囲にあるものを見てください。

今、台所にいますか？　私には食器洗い機が見えます。はたして私はメーカーであるボッシュに感謝しているのでしょうか？　食器洗い機はきっと、私に恩恵を施そうとは意図していないでしょう。

コーヒーメーカーはどうでしょうか？　冷蔵庫は？　私たちは、電化製品に感謝することができるでしょうか？

感謝の標準的な概念に従う場合、答えはノーでなければなりません。私のテクニホルム社のモカマスターのコーヒーメーカーは、毎朝、意図して優しさを提供してくれているわけではありません。しかし別の見方もあるのではないかと思います。

マイケル・サカサスは、「Gratitude as a Measure of Technology」というタイトルのブログの中で、科学技術の進歩に感謝することはおかしなことではない、と述べています。実際、私たちは、物質的なものに感謝することができます。人々の感謝日記から物質的なものの記述を削除すると、そこには大きな空白ができてしまうほどです。だからこそ、感謝は、私たちの人生に本当の価値を与える尺度として捉えることができます。

サカサスは、科学技術の価値を、その技術に感謝する程度によって測定することが可能かどうかという問いを投げ掛けています。ですので、私は自分のコーヒーメーカーに感謝することはありませんが、その機能や働きに感謝することはできるのでしょう。[19]

この質問に回答する方法の1つとして、その装置を当たり前のものと見なすかどうかがあります。私たちの生活をより快適にしてくれる家電製品、小物、装置類の便利さに慣れてしまい、それらがなければどんな生活が送れるのか想像もつかなくなってしまいます。

私はコーヒーメーカーなしで済ますことができるでしょうか？　そう、仕事に行く際に、お湯を沸かして自分でお茶をいれたり、もしくはカフェインを諦めることもできるでしょう。けれども、そのコーヒーメーカーは、速く便利で、静かで、素晴らしいコーヒーをいれてくれます。ゆったりした朝には、中庭で妻とともに、湯気立つマグカップに入ったコーヒーを楽しむことだってできます。

カフェインが私の脳をジャンプスタートさせてくれるので、何か価値ある仕事をやり遂げようと取り組むチャンスを作ってくれ、この驚異の液体がない場合よりも、はるかにしっかりした心の状態でオフィスに向かいます。これらは私の1日、そして最終的には人生にも付加価値を与えてくれる経験と言えます。

このように感謝と科学技術について考えることは、私がしばらくの間信じてきたことを立証してくれます。というのは、私たちは、もの自体には感謝していません。むしろ、日常の複雑な行動の中で、ものが果たしてくれている役割に感謝しているのです。それが、感謝の感覚を引き起こすものとなります。

幸福に関して言えば、物質的なものは、それ自体が悪ではないのです。ありがたいと感じる能力が、ショッピングに行こうと家を出るたびに損なわれたり、「カートに追加」ボタンを押すたびに損なわれたりすることはないのです。

私たちが感謝する時、次のことが分かります。すなわち幸福は、生活内の物質主義的な出来事に左右されておらず、むしろ私たちという存在が、与え受け取る思いやりあるネットワークに埋め込まれていることに起因していると理解することができます。

逆に、物質主義によって、私たちが人の関係性の価値を減じるのであれば、感謝という織物を通じて結合していた絆は、ほぐれ始めます。言い方を変えると、人生の中で感謝を受け取ったり表現したりすることを妨げるのは、物質的なものの存在ではなく、むしろそれら物質的なものが締め出す可能性のあるもの、ということです。

［試してみましょう］

・最近、例えば過去6カ月間に使用していないものがあれば捨ててみるのもいかがでしょうか。未着用の衣類や開いていない本は、寄付してみましょう。

・掘り出し物や電子クーポンコードを探すために費やしている時間を減らしてみましょう。そうすることは、あなたが物の価格に夢中になっていることを示しています。

・誰かに値打ちのあるものを貸したら、それを返却するよう言わないようにしましょう。もし返してくれたら良いですし、そうでなければ放っておきましょう。

・物よりも体験を大切にしましょう。最近の体験が、物であれば提供できなかった、あなたの人生にもたらしてくれたことにはどんなものがあるか、振り返ってみましょう。

・あなたよりも幸運でない人のために何かを買ってみましょう。自分のために使うよりも人のためにお金を使うことが感謝を促し、幸福感をもたらしてくれることもあります。そして、私たちは、ちょっとした感謝の気持ちを受け取る側になることもあります。

内省と告白

人々は、山の頂上、海の広大な波、川に広がる大きな滝、すべてを包容する大海原の壮大さ、星々の回転などの驚異に心動かされます。しかし、人々は自らの内側には無関心です。

――聖アウグスティヌス[20]

子どもの頃、私は楽しくはなかったのですが、家族の土曜夜の行事として、聖ローズ・オブ・リマカトリック教会の告解部屋で良心を清めていました。告白しなければ、翌朝の聖体拝領が禁じられていました。

告白する大きな罪を思いつくことができない時は、失敗したような感覚を持ったことを覚えています。さらには、聖職者の時間を無駄にしてしまっていると感じていました。

告白は魂に良いと言われています。キリスト教の伝統では、告白は、恵みであり、規律です。恵みは、神から自由にもたらされるものですが、同時に私たちには取るべき行動があります。なので、告白は規律です。

内省の実践は告白に必要なものですが、何世紀も過去にさかのぼり、4世紀や5世紀のキリスト教の隠者や日本の侍など、世界の偉大な多くの精神的伝統に取り込まれています。1世紀のローマの哲学者であるセネカは言います。「私たちは毎晩、自分自身に問い掛けるべきです。今日はどんな欠点や弱点を克服できただろうか？ どんな情感に対応することができたか？ どんな誘惑に抵抗することができたか？ どんな美徳を得ることができたか？ 私たちの悪意は、もし毎日告白で聞いてもらうならば、自ら滅びてしまうでしょう。」[21]

私は、今、子どもの頃のカトリックのルーツからは離れましたが、自分の良心を吟味することで得られるものは多いと信じています。

すべての精神的な伝統は、自分自身を知ることの価値を伝えています。内省の正式な方法には、大体、ある基本的な特徴があります。

最初に、内省のためだけの時間を取ります。2番目に、外界にある注意をそらすものを制限した、いくらか隔離された空間を使います。3番目に、他者、生き物、ものとの関係についての諸行動に重点を置いて、自分の人生と良心を調べるのに役立ついくつかの質問を用います。

イエズス会の創設者である聖イグナチオによって作られた伝統では、良心の糾明(examination of conscience［the Examen］)は、ある特定の美徳を獲得したり、あるいは、ある特定の悪行を除去したりするのを援助するために用いられた方法です。そのため、感謝の気持ちを成長させたい人には非常に役に立ちます。

この祈りは、ビーチでも、車の中でも、家でも、図書館でも、どこでも行うことができます。多くの人は、この良心の糾明を日に2回行います。1回は昼食時で、もう1回は就寝前です。

良心の糾明には、5つのステップがあります。

1. **神の存在：**
どこにいようとも、パソコン画面の前でも、高速道路を通行している最中でも、芝生を刈っている時でも、群衆の中でも一人の時でも、街にいる時でも田舎の方にいる時でも、神の存在を自分の中に認識するようにします。

2. **感謝を捧げること：**
この日の贈り物に感謝しながら、その日を眺める時間を取ります。具体的に、個々の喜びを頭に思い浮かべます。朝露、刈りたての草の香り、自分が持っていると気づいた強みなどを思い出してください。受け取った好意や恵みに感謝を捧げます。

3. **自己認識：**
正直さと忍耐力を伴いながら、自分の行動、態度、動機を眺めてみましょう。成長へ向けて、あなた自身のことについて何か新しい学びをするようオープンになりましょう。

4．1日を顧みること：

神の贈り物にどう応じたかを、ゆったりとした気持ちで振り返り考えてみましょう。不平不満をぶつぶつ言わずに受け取ったでしょうか？ 1日を通して、それぞれの場面において、不平を述べるよりも、感謝を選ぶことができたでしょうか？

5．神との話し合い：

あなた自身の行動、態度、感情、そしてやりとりについて、あなたが考えたことを共有しましょう。この間、許しを求めたり、指導を求めたり、関心事を共有するように導かれるように感じるかもしれませんが、何よりも恵みに感謝しましょう。

始める前に、あまり邪魔されない場所、外部の騒音からできるだけ少ない場所に身を置くようにしてください。

始まりの合図として、祈る時にロウソクに火をともしたり、照明の明るさを変えたりするのもよいでしょう。リラックスして、あなたの呼吸や身体、そしてあなた自身がどのように感じているのかを意識して、楽な状態でじっと動かずに座っています。

最初の祈りが朝ならば、日中はいつも苦労している点を回避しようと決心するかもしれませんし、成長につながる徳ある行動を実際に取ろうと決心するかもしれません。

正午頃、あなたはその欠点に対して、どれくらいの頻度で守ったか、または徳ある行動をどの程度実行したかを振り返り、進歩や後退を追跡できるように記録します。そして、その日の残りの時間に向けて再度決意し直します。夜にまた自分の状況を精査し、記録し、翌日に向けて決心します。

この良心の糾明を数回行えば、自分独自のリズムと方法を見つけることができるでしょう。あなたの心が動くままに、５つのステップのうちのいずれかに、じっくりと、自由に時間を費やしてください。私はこの方法を使用して大いに得ることがありました。確実に、感謝の気持ちで大きく目を開かせてくれます。

ベンジャミン・フランクリンの道徳目録

道徳的な自己検討に関する最も有名な歴史的事例としては、ベンジャミン・フランクリンの生涯があります。フランクリンは、自身の性格の諸側面を点検することで、「道徳的完全」と呼ぶものを追求しました。

フィリピの信徒への手紙第4章8節（「最後に兄弟たち。真実、正直、公正、純粋、愛すべきこと、名誉なことであればどんなものでも、また、徳や称賛するものがあるならば、それらを心に留めなさい」）についての長老教会の説教を聞いた時、彼は、その聖職者の伝える５つの徳（①安息日を神聖に保持する、②聖書を読むことに励む、③礼拝式にきちんと出席する、④聖餐《せいさん》を受ける、⑤聖職者にきちんと敬意を払う）について、満足しませんでした。

フランクリンは自ら13徳のリストを作成し、個人の行動に関するもの（節制、規律、決断、節約、中庸、勤勉、清潔、平静）と、社会的な特性のもの（誠実、正義、沈黙、純潔、謙譲）に分けました。

フランクリンは、徳を1つから始め、その徳を習得するまで、自身の進捗状況をチャートに描き、そして次のステップに進み、すべてを習得するまで続けました。

道徳的欠点を直そうと決めて、小さな記録帳に、徳目を1つずつ別々のページに分けておきました。彼は、その後の人生のほとんどにおいて、その記録帳を携えました。

毎日、各徳目に関して自身の成果を評価したものでした。また、丸1週間注目する徳目を1つ選択しました。

フランクリンは成功したでしょうか？ 徳目のリストすべてを完全に習得することは決してありませんでしたが、時間をかけていく中で、自分の欠点が減っていくことに気づきました。中でも困難だったのは「謙譲」でした。

実際のところ、私たちの生得的な感情の中でも、おそらく、高慢ほど制圧するのが難しいものはないだろう。それをごまかし、それと戦い、打ち倒し、抑え込み、屈辱を感じさせても、いまだ生存し、時々、ちらっと外をのぞく（中略）たとえ、自分が完全に制圧したと思っても、おそらく自身の謙譲に対して高慢になってしまうだろう。[22]

内省のための３つの質問

イグナチオによる日々の自己検討ならびにフランクリンによる道徳的完成という課題は、自身を精査する方法ですが、これら以外にもあります。

道徳的検討に取り組む際は、内観と呼ばれる仏教的瞑想法の要素を組み入れることが効果的とも言えます。内観は、吉本伊信によって開発されました。吉本は、自身で身を立てた長者で、信心深い日本の仏教徒です。そして、内観は、人が自分の内側を見て自己内省的になり、「心の目で自分を見る」ことを促す方法です。

これは、３つの観点で内省して行います。

どんなことをしてもらったか？
どんなことを与えたか？
どんな迷惑を掛けたか？

関連する４番目の質問、「この人は私にどんな苦難や困難を引き起こしたのか？」は、内観では意図的に取り上げていません。なぜか？　私たちは、すでにこの種の質問の答えには長《た》けているため、追加で行う必要はありません。

これら3つの質問は、私たちの大切な人間関係における互恵的性質を捉えるのに役立ち、内省する上での構造を提供します。人生のギブアンドテイクについてしっかり考えます。人生の多くは、与えること、受け取ること、与え返すこと、そしてこのサイクルを支える感謝の気持ちです。

内観の訓練では、私たち自身を見る鏡として、そして他者の考えや行為によってどのように私たちが支えられているかを見る鏡として、他者との関係を活用します。

内観では、最初のステップまたは質問によって、私たちが受け取っているすべての贈り物（人の笑顔、優しい言葉、手助け行動）を認識する時に、感謝の感情が引き出されてきます。日常の中にある贈り物に目を向けると、日常のルーティンに思えるようなことであっても、深い感謝の念を持つことができるでしょう。

例えば、次にレストランを出る時には、自分にとって満足のいく食事体験が出来上がるのに何人の人が関わっているかを考えてみてください。駐車係から始まり、あなたに挨拶して席に案内してくれる人、あなたのグラスに水を注いでくれる人、パンを持ってきてくれる人、当日のスペシャルを説明してくれる人など。あなたが心から感謝できる人は、驚くほど多数に及ぶでしょう。

内観における第2ステップでは、他者に与えることに焦点を当てます。これは、私たちが他者とどのようにつながっているかを理解するのに役立ちます。

また、お返しをせずに受け取るに値するといった感じである権利意識を取り除くのに、役立ちます。自分に問い掛けてみてください。自分が感じている感謝の気持ちに対する適切な対応としての「お返し」とは、どのようなものだろうか、と。

あなたが受け取った多くの恵みへのお返しをする方法を見つけるために、より創造的になってみましょう。レストランの例では、あのような素晴らしい体験をもたらしてくれたすべての人への心を込めた感謝を表現することや、他者にそのお店を薦めることができるでしょう。

内観の最後のステップは、自身を悩ませるものではなく、自分の考え、言葉、行為によって他者の人生にどのように苦痛を与えているかを認識することであるため、難しいものです。

内観の実践について書いたグレッグ・クレッチは、この最後のステップについて、「私たちが他人の苦しみの原因であったという出来事を見て受け入れようとしないならば、本当の意味で、自分自身を知ることや、生きる際に与えられている恵みを知ることもできない」と述べています。[23]

最近、私はかなり大切にしていた物を失いました。故意に持って行かれたと誤解していました。私は犯人に対して怒りの感情でいっぱいでしたが、最終的には、その人はそれを見つけ安全な場所に置き、後にわざわざ私のところに戻しにきてくれた人物であることが分かったのです！

私は、人に苦痛を与えたり、人の人生をより困難なものにさせてしまったりした時の回数を考え始めました。正直に言うと、私が与えたよりもはるかに多くの恵みを受け取っていることを、苦しいものの、認めなければなりません。

これら3つの質問をする内観では、毎日夕方に20分ほどを使って、その日のことをざっと振り返ることができますし、50分~60分ほど使って、ある人間関係の具体的な内容を振り返ることもできます。

人間関係を時系列的に見ることができますし、注目する必要がある具体的状況に焦点を当てることもできます。

例えば、私が誰かと対立しているとするならば、3つの質問の観点からその関係性を分析することができます。そうすることで、対立を起こしたり悪化させたりする場面における自分の関わり方を確認することができます。私は自分がしたことと、異なるやり方で何をする必要があるかを理解するようになります。

内観のプロセスでは、次の2つのテーマを強調しています。①過去に人に対して恩知らずであったという自分の過ちの発見、②過去や現在において自身に恩恵を施してくれた人への積極的な感謝の気持ちの発見です。

【試してみましょう】

・自らの行いを振り返るなど、自己検討のために時間を取りましょう。自分に問い掛けてみましょう。あなたの思慮のなさや自己中心的なものの考え方により誰を傷つけてしまったでしょうか？　あなたとその人との関係が良くなるように、謝り文を書いてみましょう。

・親しい友人や家族に、あなたの弱点や欠点を把握する手伝いをしてもらうようお願いしてみましょう。誠実になって、お願いした人の言葉を謙虚に受け止めるようにしてみましょう。

・毎日、異なる人に焦点を当てていきながら、１週間内観をしてみましょう。関係性について、３つの質問に、少なくとも１日１時間を費やしてみましょう。

・親しい間柄の相手に対する感謝を妨げている障害物に目を向けてみましょう。その相手に関する、「当たり前と思っていること」リストを作成してみましょう。

・最後を念頭に置くことから始めましょう。最後の呼吸を終えた後、他者にあなたはどのような人として覚えていてほしいかを考えてみましょう。今、人生を眺めて、今日自分から見える自分と人々に覚えておいてほしい姿の間にギャップがないかを確認してみましょう。そして、内観の実践により、このギャップを減らすよう心がけてみましょう。

Gratitude works！ 3

すべてをひとまとめにする

この章では、感謝に満ちた人生を育むための手段として役立つ、精神的な規律をいくつかご提供しました。これらはすべてを網羅したものではなく、あなた自身の感謝の念を育てる上では、あなた自身なりの精神的な規律を自由に実行してよいと思ってください。

さあ今こそ、実践に移す時です。注意を向けることや意図することは、これらの規律を効果的にするための要素です。あなたが最も必要とするものに注意を向けましょう。実践するよう、自身と約束してみましょう。これらの精神的規律は聖人に限定されたものといった捉え方を拭い去りましょう。

また、特定の聖なる日や日曜日に限定されているわけでも決してなく、これらはすべての人のためにあり、いつでも実践できるのです。実践する時は、ある1つの方法がすべての人に合うわけではないことを覚えておいてください。

ポジティブ心理学者たちは、幸福を生み出すことに関して、人と幸福を呼び起こす活動との間には適性があることを見いだしています。

すべての活動が、あらゆる人に同等の効果をもたらすわけではありません。心理学者たちは、その活動が自然で楽しく価値あるものと感じるか、それをしなかったら後ろめたさを感じるかを自問する「人と活動」の適性確認を行うことを勧めています。

本章で扱った精神的規律のそれぞれについて、このような自己チェックをすることができるでしょう。ただし、それらがいつも楽しく、または簡単に感じられなくても不思議に思わないでください。

ポイントは、一番簡単だからとか、一番楽しいからといって活動を選ばないということです。精神的規律のポイントは、私たちの自然な傾向に対抗しているということです。あなたが最も必要とするものを選択することが目的です。

あなたの弱点はどこにありますか？　あなたが感謝するのを妨害するものは何ですか？　あなたはハードな活動に終始圧倒されている状況ですか？　であれば、孤独な瞑想を時折行うことで再充電できるのではないかと思います。

周囲の環境に簡単に誘惑されている自分がいますか？　すると、あなたはファスティングを考えるかもしれません。

あなたは物質的な恩恵を当たり前のものとして捉えがちではありませんか？　であるならば、質素を心掛けることが良いのかもしれません。

他者が何をしているかや、エクササイズが感謝と関わっているかどうかといったことを最初は気にしないようにしましょう。これらの規律のうち、他よりも効果的であるものが見えてくるでしょう。

あるエクササイズには効果があっても、別のエクササイズでは効果がないかもしれません。恩恵や利益を得られるようになってくると、進捗することがやりがいとなり、継続するモチベーションを高めます。

これらの規律を実践する際は、少し寛大さを持って、自分を許してあげるようにしてください。自分に批判的になりすぎないようにしましょう。

私は、徳のある人生について研究し執筆する上での危険性の1つは、あなたが絶えず自身の自我を傷つけてしまうことであると、身をもって学びました。

あなたはこれらのエクササイズを「十分にうまく行っていないのではないか」「一貫して忠実に行ってはいないのではないか」といった疑念に苛《さいな》まれる自分に気づくかもしれません。こういった意識に乗っ取られると、感謝の気持ちが著しく阻害されてしまいます。私たちは頑張りすぎるがあまり、物事がうまくいかないことがあります。

このような誘惑に屈することなく、20世紀のドイツの神学者パウル・ティリッヒの言葉を見てみましょう。彼は「あなたは受け入れられている」と題して力強く説く中でこのように語っています。

光の波が私たちの暗闇に入ってくる瞬間が時折あり、それはまるで、お告げであるように、「あなたは受け入れられています。あなたは受け入れられています。あなたより偉大なものに受け入れられています。その名前をあなたは知りません。今は名前を尋ねなくてよいです。おそらく後で分かりますから。今、何かをしようとしなくてよいです。後で多くのことをするでしょうから。何も探し求めなくてもよいです。何も行わなくてもよいです。何も意図しなくてよいです。ただ、あなたが受け入れられているという事実を受け入れればよいです！」[24]

これが恩恵であり、すべての感謝の基礎となるものです。

第5章

感謝への
最大の障害と、
その対策

Gratitude works！

1

うぬぼれは感謝の敵

古代の哲学者セネカの時代あるいはそれ以前から、過度に偉ぶることは、感謝を感じたり表現したりする上での主要な障害と見なされてきました。研究によると、恩知らずな人々は、過度なうぬぼれ、傲慢《ごうまん》、虚栄心、そして称賛や承認欲求が高い傾向があることが分かっています。

この尺度の、より病的な側の端にはナルシストがあります。すなわち、自分のことしか考えず、深く満足させたり、相互に高め合ったりするような人間関係を結ぶ際に必要となる共感性が不足している人々です。

もう一方の、より通常側の端は、良い成績を取ること、規則に従うことの免除、さまざまな類いの特別扱いといったことの権利があるとただ感じる人たちです。権利があるという態度は、次のことを指します。「人生は、私に何かする義務がある」、「人々は私に何かをする義務がある」、「私はこれに値する」。

すべての行動において自身に関心が向くことは、受けた恩恵や恩人を忘れたり、他人が自分に与える義務があると感じ、他に感謝する理由は見つからないと感じるようになる可能性があります。

Gratitude works！
2

「私には価値があるので感謝しない」

親は子どものことで何を一番心配していると思いますか？　経済面？　グローバルな対立？　ドラッグ？　大学を終えて家に戻ること？

これらはすべて一覧のトップにくるものではありません。ある調査によると、親の3分の2が、子どもの権利意識を気にしていると答えたことが報告されました。さらに、権利という感覚はどこから来るかと尋ねられたら、85％の親が自分自身を責めました！

もしあなたが私のようであれば、おそらく、権利があると感じるもののリストを持っているでしょう。もしリストに書かれていることを実際に手に入れなければ、だまされたと感じるでしょう。もしあなたが休暇を取ることができなかったり、夢見ていた家を購入できなかったりすると、自分に与えられた権利を、人生があなたから奪ったと感じるでしょう。

これはカモメの精神性です。「ファインディング・ニモ」のカモメは羽ばたき、ガーガーと鳴きます。「私のだ、私のだ、私のだ」と。そして、ニモの父マーリンとその友人ドリーを最

あなたはどれくらいの権利があるのでしょうか？

次の5つの文に7段階で簡易評価してみましょう。

1：まったくそう思わない
2：そう思わない
3：あまりそう思わない
4：どちらとも言えない
5：ややそう思う
6：そう思う
7：非常にそう思う

①正直に言うと、自分は他の人よりも価値があると感じる　□

②素晴らしいことが私のもとにやってくるべきだ　□

③もしタイタニック号に乗っていたら、私は最初の救命ボートに乗るに値するだろう！　□

④私には価値があるので、最高のものを要求する　□

⑤私のような人間は時として、特別な配慮に値する　□

スコアを合計します。あなたの合計が25以上であった場合、感謝するのが難しくなる可能性があります。[1]

初に食べるために競争します。

あなたは、自身が権利があると思っているかどうかは分かるものです。なぜなら、その結果として、常にあなたは怒り、憤慨し、いら立ちを感じるからです。

誰かがあなたに対して負っている義務があり、その人がやり通さないと思ったならば、あなたは怒りを感じるでしょう。あなたはだまされたと感じ、あなたが受け取るに値すると信じていたことをだまし取られたと感じるでしょう。

しかし、権利はまやかしです。現実を歪曲《わいきょく》しています。権利の感覚は、人生の恵みを自由に受け止める能力を損ないます。

「ロバート・エモンズは、長く幸せに成功した人生を送るに値する！」と言明しているものは、この世界のどこにもありません。権利があるという感覚は、完全に私の心で作られたものなのです。

自分が受け取ったものに感謝の気持ちを持つためには、自分の権利意識を贈り物に翻訳して、贈り物の権利がないことを認識しなければなりません。私たちに何も負うものがない中で、恩恵を与えてくれたのだとこれらを見ることができれば、権利という役に立たない態度を取ることはほとんどなくなるでしょう。

権利があると感じる時、他者があなたと意見が合わない時や、あなたが決め込んでいた権利に対し、他者が便宜を図ることができない時、あなたは単にがっかりするだけではなく、だまされ不当に扱われたと感じます。そしてその結果、怒りが生まれ、埋め合わせとしてさらに権利意識が強くなります。

憤りは不公平さを認識することから生じます。例えば、期待した助けや安心、配慮、称賛、報酬、愛情といったものを得ていない、すなわち権利があると感じているものを得ていない、という認識から生じます。

結局のところ、当然の報いであるので、あなたが当然の報いだと考えていることを受け取る時には、感謝を感じることはないでしょう。どんなことにも権利があると思っている人には、どんな贈り物も感謝の喜びをもたらさないでしょう。

フリードリヒ・ニーチェは、これをルサンチマンと捉えました。他の人たちの油断できないうらやみ、自分が持っていない権利を取りたいという願望です。[2]

「resentment（憤り）」という単語は、ラテン語の「sentire」が由来となっています。ラテン語の「sentire」は感じることを、接頭語の「re」は「再び」を意味します。ですので、「憤る（resent）」という単語は、再び感じることを意味します。

これは、私たちが「憤り」を経験するとき、何度も何度も、ねたみ、怒り、敵意に満ち、いら立ちを感じることを意味します。否定的なものに押し込められ、感謝や心の平穏さを感じることを妨げられています。

憤っている人は、現実の、またはそう認識した不平不満を並べ立てることの熟練者と言えます。彼らはこれらに焦点を当て、目の前にある幸福の機会、あらゆる機会を台無しにしてしまっています。

恩知らずは、憤りの自然な結果です。憤る人が恩恵を受け取ると、贈り手の動機に疑問を投げ掛けます。彼らは、もっとあったらと望みます。少なすぎる、遅すぎると彼らは言います。恩恵の数を単に数えることは、この思考の傾向には効果が見込めません。不平不満は、常に、恩恵や利益より数で勝るからです。

社会コメンテーターのロジャー・スクルートンは次のように述べています。


さらに、恩知らずは、受け取った恩恵に応じて大きくなります。祖先が苦労しなければならなかった食べ物や避難所、教育といったものが権利として提供され、費用や労力がかからない場合、それらは「当たり前のもの」となり、俗に言われるとおり「贈り物」とはまったく反対のものを意味することになります。

そんな状況では、私たちが「恩知らず文化」と呼ぶものが生まれてしまいます。すなわち、感謝を単に忘れるのではなく、感謝を品位を落とすものとして見なしたり、弱さを告白するものとして見なしたり、あるいは、自身が持っていない重要なものを他者に委ねることとして見なしたりします。


この感謝が少なくなることは、今日、我々の周囲で広がりつつあります。ポップアイドルやスポーツスターの顔に書かれており、メディアによって、また政治的代表者たちによってあらゆる形で喧伝《けんでん》されています。これが、公的な水準が急激に悪化している理由の1つです。政治家たちが、感謝の少ない大衆に代わって行動していると自身で感じる時、彼らは本来取るべき行動を取る可能性が低くなります。[3]

このように捉えると感謝する機会がありません。ドイツの道徳哲学者バルドゥイン・シュワルツは次のようにこの問題を捉えました。「恩知らずで、ねたみ、不満を言う男は（中略）自分を不自由にしています。自分で持っていないもの、特に、他の誰かが持っていたり、持っているように見えるものに焦点を合わせています。そうすることで、自分の世界を害する傾向にあります。」[4]

権利意識の考え方がない人々は、自身が持つものに満足する傾向があるので、失望や後悔、および不満などの感情の影響を受けにくいのです。

Gratitude works ! 3

成績はどれくらい？

近年、私の授業の中で興味深い動向の変化に気づきました。

以前は、最終試験の週になると、学生の祖父母の健康が危うくなったものでした。1年のうちどの週よりも、最終試験の週に祖父母が亡くなることが多かったのです。

明らかに、祖父母は長生きし、孫に旅行というプレゼントを与えるなど、裕福になっています。おかしなことに、同様に、これらの旅行も最終試験の週とよく重なります。各学期に、祖父母からプレゼントされた休暇と重なってしまい、予定された最終試験を受けられない生徒がいます。

病気以外の理由では再試験を認めない私の方針を理解する人もいますが、憤慨して、マウイでの家族の親睦に出席することに便宜を図ってほしいと求める人もいます。

学業上の権利意識とは、成績を上げるのに個人で責任を負わずに、学業の成果を期待する傾向です。成績のことになると、先生に特別な配慮や便宜を図ってもらうことを期待し、それらの期待や欲求が満たされないと我慢できず、怒ったりすることに表れています。

それは「教授は、自分たちが頼めば授業ノートを進んで貸すべきだ」「教授は、私の個人的な休暇予定と重なる場合、宿題の提出期限を遅らせるように手配してくれるはずだ」「提出した宿題は、ゼロ点をつけられるべきではない」などの態度に反映されています。

学生の権利意識が高まっていることに対する酷評（「良い成績を取るのは困難ではないはず」や「教師は学生に特別な扱いをするべき」といった態度は、先生には無礼で道理をわきまえない行動と映ります）を、教職員のカクテルパーティーの会話やブログ、新聞や雑誌の意見や記事でよく見るようになっています。

一般的および学業上の権利意識の傾向がより高まっているようです。ジャン・トゥエンゲとキース・キャンベルは、著書『The Narcissism Epidemic: Living in the Age of Entitlement』の中で、子ども、青年、若年成人の権利意識が、わずか15年間で約30％増加したと報告しています。

増加しているのは、権利意識だけではありません。１９９０年代半ばの大学生男子の自尊心の平均スコアが、１９６８年の大学生男子の86％よりも高く、大学生女子の平均自尊心スコアは、それ以前の時期の71％よりも高かったのです。[5]

カリフォルニア大学アーバイン校の研究者たちは、大規模で民族的に多様性のある大学生のグループにおける学業上の権利意識について研究しました。彼らは、学業上の権利意識の質問票に対するスコアと、親の考え方についての認識、およびこれらの学生が達成するために他の人と比較されることから生じるプレッシャーを感じる程度との相関関係を示しました。見いだされたことは、とても興味深いものでした。注目すべき箇所は、次のとおりです。

・アジアの学生はコーカサスの学生よりも権利意識のスコアが高い
・男性は女性よりも若干高い
・権利意識が高い学生は、学術的な不誠実さがより見られる。自尊心と学業上の権利意識の間には相関関係は見られなかったので、自尊心の高さが権利意識を高めるようには見えない。実際、権利意識の高い人々は、権利意識の低い人々と比較して、自分自身に対する肯定的な見方がわずかに少ない傾向がある
・権利意識は成績評定平均値とは関係がない。権利意識のある学生は、実際には、成績を上げる必要があると感じている学生よりも、成績が良いわけではない
・権利意識は、成績についての不安と関連している[6]

この権利意識はどこから来るのでしょうか？　今日の家族の力学にある程度埋め込まれているようです。学業上の権利意識が高い学生たちは、親が他の学生よりも秀でることを期待し、学生がうまくできた場合には報酬を与えることを報告しています。

また、彼らは両親がいつも、あるいは時にかすかに覆われた好奇心（「あなたはトップ５％にいたね。素晴らしい！　クラスで、あなたより高い得点を取っているのは誰？」）で、兄弟やクラスメートと学業面で比較している、と述べています。

権利意識をより強く表現する学生はさまざまな形で不正（例えば、誰かの作品をコピーして自分のものとして提出する）を行う傾向が見られますが、学業上の権利の態度や行動がより高い学業成績にはつながらないようであることは注目すべきことです。

また、権利意識がある学生は、宿題や課題に関するフィードバックにあまり感謝をしないようです。コメントには（特に好意的でないと認識するものには）、憤りを持って反応します。

私の経験では、感謝している学生が取る行動はこれとは大きく異なり、より多くのフィードバックを求めます。彼らは、質問リストを準備して私のキャンパスオフィスに来ます。これらの学生は、書き込まれたコメントを喜び、それぞれの提案を注意深く読み、必要な時には説明を求めます。追加の支援を求め、改善することに高く動機づけられています。

学生の権利意識を何度も訴える代わりに、私たちは、学生の感謝の気持ちに火をつけることができます。教授たちは、批判的なフィードバックを称賛で和らげ、感謝の気持ちのモデルを示し、感謝することの価値や恩恵を強調する話を共有することで、学生がフィードバックをより感謝し、受け入れるようになるのを助けることができます。

また、教室で、感謝する模範になることで、感謝を学生に教えることもできます。例えば、教授が見落としたり間違いをしたりしたことを学生たちが指摘する場合、自己防衛的に反応したり恥ずかしがったりする代わりに、教授は学生たちに感謝し、学生の助けがなければ間違いを見つけられなかったと説明することができます。

私たちはここで謙虚さを活用することができます。謙虚さにより、思い上がりを控え、間違いを修正することにオープンになる時に、どのように恩恵を得るかを示すことができます。最終的に、かつての教え子たちについて、あるいは私たち自身の人生において感謝していることの話を共有することで、学生たちが感謝を肯定的なものであることを確認するのを促します。

おそらく、感謝している元教え子の成功の話を共有することによって、感謝や楽観主義の恩恵を、学生がより実体あるものとして感じられるようにすることができます。私は、私自身に感謝を表現してくれた内容が記載された、元教え子からの手紙やメールをすべて保管しています。

また、教授たちは、自身の個人的体験を共有することもできます。学術的活動をしたり教えたりする際に他の教授から受け取った有益なフィードバックすべてに対し、感謝の意を詳しく述べるといったものです。これらの話は、学生たちに対して、支援に感謝することがいかに他者のためになったのかの例を提供しています。また感謝の気持ちが自分たちのためになりうることを学生に示唆しています。

Gratitude works！
4

その後もずっと、感謝の気持ちで

サリー：最悪だわ！　なぜ食器洗い機に食器を入れて、タオルを畳んで、あふれたままになっているリサイクル品を出さなかったの？
ハリー：気づかなかったんだよ。

こんなやりとりは、多くの家庭で、毎日行われています。サリーは、ハリーがどうしてすべきことが分からなかったのかと不思議がります。

一方、ハリーは、散らかっていることに本当に気づかなかったことや、サリーがなぜそんなに気にするのか理解できないことを真剣になって伝えます。

さらには、気づかないでいる側は、すべきことを気づかなかっただけでなく、相手がいつ、これらの事柄を処理しているのかさえも分かっていません。

これは単なる分業の話ではなく、長続きする関係をしっかり築くために重要な感謝の表現の話なのです。

1980年代、カリフォルニア大学バークレー校の社会学者であるアーリー・ホックシールドは、自身が「感謝の経済」と呼んだ[7]、結婚生活における緊張状態の原因を特定しました。これは、ハリーのような期待された行動をしない人々が、パートナーの努力にあまり感謝しないことや、自身の役割を果たそうと心掛けないのはなぜかについて説明します。ホックシールドは、関係性の中で、個々人は互いに「贈り物」を提供するものの、それはプラスアルファのようなものであり、期待されることを超えている、と述べています。

したがって、洗濯物（他には、ゴミ、お皿、上記のすべて）が「あなたのもの」と捉えられれば、あなたのパートナーは、あなたがそうすることへの感謝を感じることはほとんどありません。結局、あなたは、自らするはずであっただろうことや、得意なことを単にやっているにすぎないことになります。

実際のところ、いまだ残されたままになっている物事に関して、相手がそう思う以上にあなたにとって煩わしく感じられるならば、あなたが自分自身のために片づけてしまうかもしれません。そうすると、相手は感謝をあまり感じなくなるでしょう。あなたが行ったことを、相手は自分への贈り物としては見ていないからなのです。

興味深いことに、この理論は、もともと、アリやハチの社会的ネットワークと分業の研究に基づいています。

昆虫学者であるジェニファー・フェウェルは、研究の中で、ミツバチの巣箱にある蜂蜜の水準が異常なまでに下がった時に、行動を起こすのは、大体いつも特定のミツバチであることを見いだしました。

加えて、ジェニファー・フェウェルは、それらミツバチの仕事が、期待された行動を取らない他のミツバチが行うはずだった仕事の機会を減らしていることを発見しました。[8]

アリゾナ州立大学の研究者たちは、特定の家事を誰が行うかを決定するカギの1つは、各人の「反応の限界点」であると述べています。

これは、いまだなされない物事に対し、片づけてしまわなければ煩わしいと誰かが感じる手前に存在する、散らかり具合のことです。ある物事に対して反応の限界点が低い人は、反応の限界点が高い人よりも早く、その事を行おうと突き動かされます。

家庭で、この分業パターンが形作られることがよくあります。すなわち、反応の限界点が低い人は相手が動く前にその物事に取り組みます。その物事は、「彼女の（その人の）もの」として捉えられます。相手は、その事に取り組む責任を感じません。そして、相手は感謝を感じません。なぜなら、そのしっかり取り組んだ人はただ、「彼女の（自分の）」仕事をやっているだけだからです。これらのことはすべて、彼が将来手伝おうとする見込みを少なくさせます。

この問題に関するある夫婦の対立を紹介しましょう。妻は、夕食を作ったり家を清潔に保ったりすることに対して、なんて感謝しない夫なんだろうかと不平を言いました。すると夫は言いました。

「ちょっと待って。決して僕は君にお願いしたことはないよ。君が僕よりも家事について高い基準を持つなら、手助けすることもできないよ。僕は夕食に何を食べようとも構わないし、床掃除が週に2回でも気にしないよ」[9]

ここで重要なことは、感謝は、夫婦の分業力学を変えるのに役立つということです。感謝を伝えることは、あまり関与していない側に分業は公平ではないこと、相手の貢献はありがたい贈り物であることを思い出させてくれます。

そして、贈り物を受け取る人は大概報いなければならないと感じるため、この気づきにより、家事にあまり関与しない側がこれまで以上に貢献して、自分からの「贈り物」を提供するように導かれることもあります。

さらに、しっかり取り組む側の人は、自身の行っていることが認識され認められたならば、怒りやフラストレーションを感じなくなります。

何年もの間、金曜日の正午に私が家に帰り家事を行うスケジュールを、妻と共に続けてきました。他の平日4日半の間に妻が担当してくれている家事です。

この機会を通じて、私がキャンパスオフィスのパソコンの前で快適に落ち着いている時に家を管理するのに必要なことをより深く理解するようになります。このことは、私にとって、家事を当たり前だと思わないようにする良い機会になります。

夫妻が自身の結婚生活に高く満足するのは結婚相手が家事を行うのを期待以上の贈り物と見なす時である、という事実を感謝の経済は説明してくれます。相手に感謝されていると感じる人は、やるのが当たり前だと捉えられていると感じる人よりも、実際に分業に対する憤りが少なく人間関係の満足度が高いことを、研究者たちは見いだしています。

Gratitude works !

5

謙虚さと感謝

アルコール依存症への取り組みがうまくいかなかった後、ビル・ウィルソンは、深い宗教的転換を経験し、自身の優先順位を再整理して禁酒へと向かい始めました。彼は、人生の教訓を生かし、「アルコホーリクス・アニノマス」として現在知られるアルコール依存症治療への12ステップのアプローチを推進しました。

謙虚さに関連するテーマは、ウィルソンの12ステップのフレームワーク（例えば、個人的なそして道徳的な限界を認め、償いを行い、神に依拠するなど）の中心的な役割を果たしています。

しかし、ビルは、生涯、自尊心の低さと傲慢さの間でしばしば揺れ動き、匿名の自助組織であるはずの組織の中で、有名人に近い地位を維持しながら、自分の中にある魔物と折り合いをつけるのに苦労しました。

ビル・ウィルソンは、間違いなく謙虚さの価値を理解していた人です。とはいえ、彼は、一貫して謙虚さを達成し続ける難しさを直に理解していました。そこで、謙虚さを、一生を通じて養おうと試み、取り組みました。取り組む上で、ウィルソンはほとんど一人ではありませんでした。[10]

詩人であるT・S・エリオットは、私たちは皆自分自身のことを良く思いたいため達成する最も難しい美徳の1つが謙虚さであると述べました。

謙虚さとは何でしょうか？　謙虚さ（humility）の語源は、地位の低さや卑下（※ラテン語の「humis」や「humus」からきており、ラテン語の「humilis」は「地位が低い、謙遜な」あるいは文字どおりには「地面の」を意味し、「humus」は「地面、土地」を意味する）でありますが、科学者や宗教学者の間では、謙虚さは、心理的な側面であり、知的な美徳、人格的な強さであるというのが新たに合意されつつあります。

謙虚な人には以下のような側面があります。

・自身の能力と実績に関する明確で正確な（過小評価ではない）認識
・自身の過ち、不完全さ、知識の不備、限界を認める能力（神などさらに大きな存在と照らしたりしながら）
・新しい考え、矛盾する情報やアドバイスに対する受け入れやすさ
・全体的視野を有し自分の力や成果を維持する能力

・比較的低い水準の自己陶酔と自己を忘れる力
・あらゆるものは、世の中へ向けて、それぞれ異なる貢献の仕方があるように、すべての事物にはそれぞれに価値があると理解している

謙虚さのもう一つの定義は、現代のユダヤの考え方に基づいたものであり、なぜ感謝に謙虚さが必要となるのかについて理解するのに役に立ちます。この捉え方によると、謙虚さは、自分自身を適切な場所にとどめ、他者のために余地を残すようにしてくれます。

19世紀のハシディズムの教師であるラビ・ラファエルは、自分を高く評価しすぎることの危険性を描いた物語を語っています。

私が天国に着く時、彼らは私に尋ねるでしょう。なぜあなたは律法をもっと学ばなかったのですか？と。私は十分に賢かったわけではありません、と彼らに伝えるでしょう。そして、彼らは私に尋ねます。なぜもっと他人に親切な行動を取らなかったのですか？と。私は身体的に弱かったのです、と彼らに伝えるでしょう。すると、彼らは私に尋ねるでしょう。なぜあなたはもっと多く慈善行為をしなかったのですか？と。私は、そのお金を十分に持っていなかったのです、と彼らに伝えます。そして、彼らは私に尋ねます。もしあなたがそんなに愚かで、弱く、そして貧しいのであれば、

なぜあなたはそんなに傲慢だったのですか？ と。それに対して、私の答えはありません。[11]

現代社会では、謙虚さのメリットを見落としがちです。謙虚な人を、弱くて受動的な人、目を伏せてあらゆる称賛を避ける人、自尊心や自信を完全に欠いている人だと考える人もいるかもしれません。また、謙虚さを、屈辱と関連させて考え、恥、当惑、自己嫌悪といったイメージを想起する人もいます。政治、ビジネス、スポーツでは、利己主義者が私たちの注目を集めます。

一方、反対の立場にあたるのが、哲学者のスピノザです。スピノザは言いました、「謙虚さは、不利益よりも利益をもたらす」と。

現代の科学研究はスピノザを支持します。諸研究によると、謙虚さという控えめな美徳は、弱さや劣っていることを表すのではなく、自己と社会に対して前向きで有益な結果を生み出す人格の強さであることが明らかです。

謙虚さは、はやり廃りがあるかもしれませんが、すべての美徳の中でも、最も広がりがあるものであり、人を豊かにするものです。謙虚である人は、そうでない人よりも、人生や多くの分野においてより豊かになる傾向があります。

最近の研究や調査の結果をいくつか考察しましょう。

・褒められると謙虚な気持ちになるという人は、その経験によって、「人に親切でいたいと思うようになった」、「努力をもっとしたくなった」、「挑戦したいと思った」と報告しています
・謙虚な人々はより称賛され、謙虚さという特徴は多くの人に肯定的なものとして捉えられています
・謙虚な教師はより有能であると評価され、謙虚な弁護士は陪審員からより好感が持てると評価されています
・かなりの謙虚さとプロフェッショナルとしての強い意志力の二側面を兼ね備えるようなCEOは、良い会社をさらに良い会社へと変えようとします
・調査対象となった成人の80％以上が、（必ずしも自身のことではありませんが）プロフェッショナルな人々は仕事場面で控えめで、謙虚さを示すことが重要であると回答しています
・謙虚さは、優秀さという形で学業上の成果と関連しています
・謙虚さは、道徳的模範となる人の性質、すなわち高潔な目的のために自分の人生に注力する人たちの性質です。ハビタット・フォー・ヒューマニティ・インターナショナルの創設者であるミラード・フラーは、世界中の人々に家を提供するというビジョンを追求することに生涯を費やし、その講演や著作の中で、成功と同様に多くの失敗を正直に語っています[12]

あなたは、ご自身が謙虚な人間だと思いますか？　当然のことながら、あなたは自分の謙虚

さの程度を評価することはできません。科学的にはつかみづらい概念なのです。

「私はとても謙虚です」は自己矛盾しています。ただしこのことによって、人格を研究する心理学者たちが謙虚さを測定する質問票の作成を思いとどまることはありません。間接的な方法ではあったとしても作成します。

例えば、次の文にはどう答えますか？

・自分がうまくやれることでもそうでないことでも、大体、良いアイデアがあります
・他者からのアドバイスを受け入れることに抵抗があります
・最善を尽くしますが、多領域で取り組むべきことがたくさんあることを理解しています
・この世界についてほとんど知らないのだと強く感じています

これらの質問により、自分の限界を理解し自分を正確に評価することを含め、謙虚な性格の諸側面を捉えることができます。謙虚さは感謝と関連しており、この質問アンケートで高得点を取った人は、同時に感謝の得点が高い傾向にあります。

私の知る最も感謝する人たちは、最も謙虚でもあります。バージニア州のパトリック・ヘンリー・カレッジの政治学教授であるマークＴ・ミッチェルは次のように書いています。

「感謝は謙虚さから生まれます。なぜなら、謙虚さは神による創造と御慈悲の贈り物を認め

ることだからです。認めることは、配慮や責任を持った行為を生みます。一方、恩知らずは、贈り物を否定する傲慢さがあります。恩知らずは常に、不注意、無責任、悪態につながります」[13]

研究によると、謙虚な人は、他者から助けを得ることで気分が良くなるとされています。高慢な人と違い、自身が助けを必要とすることを素直に認められます。

私たちは自分自身を創り出しているわけではありません。謙虚に生きることは人生への真のアプローチと言えるでしょう。謙虚さは感謝のカギとなります。

「謙虚さ（humility）」の語源にさかのぼると、謙虚な人は、他者を必要としているという真実に立脚していると言えます。

私たちは皆、他者の助けを必要とします。自給自足のような存在ではありません。自らの意志の力で、自身の存在を作ったのではありません。

よく知られた道徳哲学者であるアラスデア・マッキンタイアは、私たちは皆「依存性のある合理的な動物」であると述べています。[14]

私たちは、生きるために他者に頼る存在として生まれ、ほとんどは他者に頼り人生を終えます。私たちは自身の独立性を誇りに思う数十年の歳月はあるものの、人間の命の性質上、相互に依存する必要があるため、完全な形での独立を達成することはできません。

私たちは絶えずこの根本的な現実を否定しようとする誘惑に直面しますが、避けられないものです。私たちは、親、友人、ペット、政府、神、地球、そして生活におけるさまざまなことを提供してくれる人たちに依存しています。

感謝の目で見ることとは、私たちが与える側と受け取る側を交互に担う、相互に連結した網のようなものであると捉えることが必要です。

細胞生物学者であるウルスラ・グドゥナフは、『The Sacred Depths of Nature』の中で、こう書いています。

私たちは、自身が生存するために、そして数々の美的体験（例えば春の鳥のさえずり、膨らむ木の芽、スイカズラの目の回るような匂いなど）をするために、生命の網に依存していることを認めるようにと言われます。私たちは、これら、春の鳥などではないことを認めざるを得ません。すなわち、私たちは深海で生きるとか、林冠を作るとか、上空300フィートまで飛び上がり、すごい急降下でネズミを捕らえるといったことなどはできません。[15]

数年前のあるカンファレンスで、私は、自分に感謝することはできないとコメントしました。私は、このことについて議論する余地がないと考えていました。

驚いたことに、自分自身に感謝することが可能であるだけでなく、自ら何度もこの感覚を体験したという大学院生に異議を唱えられました。カンファレンスの残りの間、その大学院生は私の後をずっとついてきて、自分自身に感謝するいくつかの説得力ある事例を考え出そうとしました。しかし私は、立ち位置を変えるほどは説得されませんでした。

私たちは、自ら成果を出した時誇りを感じ、望まれた目標を達成した時には満足を得ることができます。良い決断ができた時や、自身の成果を喜ぶこともできますが、そこに感謝が入り込む余地はありません。

私たちは自分に贈り物をすることはできますが、それにより感謝の気持ちを感じると思っていません。自分に贈った贈り物を開封しても、感謝の気持ちは高まりません。自身への感謝の気持ちから、惜しみなくお返ししたいという気持ちになることはありません。これが、自分に感謝できないという理由です。

感謝の論理には、与える側、受け取る側、贈り物が必要となります。すなわち、恩恵を施す側、恩恵を受ける側、恩恵です。だからこそ、感謝の気持ちがいつも自身の外側へと向けられているのです。感謝は、他者の存在が必要な関係性にかかわる感情です。自分の外へと向けられた反応です。

謙虚さを育む

権利意識や感謝の欠如への改善手段として謙虚さがあるならば、どうすれば謙虚さを高めることができるでしょうか。

謙虚であろうとすると、ほとんどが謙虚さとは逆になってしまいます。もし、謙虚さを自分なりの目標として設定した後に成功したら、自分の達成に誇りを持たないものでしょうか。そうして、謙虚でなくなっていくのではないでしょうか。

テッド・ターナーがかつて述べたように、「私にわずかな謙虚さがあれば、完璧だっただろうに」です。[16]

謙虚さはとてもおとなしく、でしゃばることなく、控えめに見えます。しかし、思い違いをするべきではありません。感謝を育むのに必要なものを考えれば考えるほど、謙虚さが必要であると、私は深く確信するようになりました。

感謝し謙虚である時、私たちは自分の外側の実在へと目を向けます。私たちは、自分の限界や他の人に頼る必要性に気づくようになります。感謝し謙虚である時、私たちは自給自足のような状態がまるで神話であることを把握します。

私たちは、自らを支える源に向かい、上や外を見ます。私たちよりも大きな実在に気づくことは、私たち自身が自作であるという幻想、自分はすべてを期待する一方で自分は何の義務も負わずにおかげも感じないという権利があるといった幻想から、私たちを守ってくれます。

謙虚な人は、人生とは感謝すべき贈り物であり、主張する権利ではないと言います。謙虚さは、人生に感謝で応対するよう促します。

「The International Network on Personal Meaning」の会長であるポール・ウォンは、日々、謙虚さを実践するための20にわたるプラクティスを紹介しています。

・自分たちの悪事を認める
・修正やフィードバックを優しく受け取る
・他者を批評することを控える
・自分たちを不当に扱った人を許す
・悪いことをしたことについて他者に謝る
・寛大な精神で不当な扱いに我慢する
・他者の良いところを考えて話す
・他者の成功を喜ぶ
・どんなことでも（良いこと、良くないこと）、恩恵を数える
・他者に奉仕する機会を探す
・他者を助ける際には、匿名のままでいるようにする
・自らの成功に感謝を示す
・自らの成功における他者の関与を正当に認める
・成功したら、他者のためにも多くを行う責務として捉える
・失敗から学ぶことをいとわない
・失敗に対する責任を引き受ける
・自分たちの限界や状況を受け入れる

・差別や偏見の社会的な現実を受け入れる
・社会的地位に関係なく、すべての人を尊重する
・部外者であったり、何者でもないような立場でも楽しむ[17]

このリスト全体には、感謝に関わることが散りばめられている様子がうかがえます。他者に焦点が当たり、自分や他人を受け入れる様子が見られます。

また謙虚さには、自分自身の自尊心を防衛することがありません。自己を守る必要性がほとんどないので、謙虚な人は他人の生活に費やすエネルギーをより多く持っています。

謙虚な人は自らの才能を否定せずに、むしろ適切な見方をします。謙虚な人は、他者を誹謗《ひぼう》中傷することで自分の気分を良くする必要性を感じません。他者が負けることを必要としないため、他者が勝っても良いのです。

ウォンはなぜそんなに多くの実践を提案したのでしょうか？　謙虚さを育むのが難しいからです。謙虚さは容易に、自然と発生するものではありません。特に、自己肥大の文化では。

このリストはまさに始まりとなり、20のプラクティスすべてが謙虚さを育みます。ただここで私は、あなたが考えていることが分かります。「20は多すぎだよ」と。なので代わりに、感謝の目でより眺められるようにするための謙虚さを育む良い実践を3つ提案させてください。

日記に書き、1つずつ試してみましょう。そのためにも少し時間を取ってみましょう。実践

することで、謙虚さに対するあなたの捉え方が変わってくるかもしれません。

あなたは謙虚さをどう捉えていますか?

謙虚さを高め育む最初のステップの1つは、それを定義することです。

謙虚さとは、低い自尊心、屈辱、あるいは恥と同じだと考えていますか? どれくらい謙虚になれば良いと考えられますか? どれくらい謙虚さをなくすと良くないでしょうか?

実際に謙虚さを実感した、人生のある場面を思い出してください。少しその場面を書いてみましょう。その場面でなぜ謙虚さを感じたのか、謙虚さを感じた時にどんな感情を経験したか、です。

謙虚さという気持ちは、その場面においてあなたが成し遂げようとする事柄を後押ししましたか? それとも妨げましたか? なぜ謙虚さを持って生きることが難しいのでしょうか? 謙虚さを害する個人的または文化的な力が働いているのでしょうか?

これらの質問を活用することで、あなたの人生における謙虚さの特徴や謙虚さによる恩恵について考えてみることができます。また、他者との関係性の中で謙虚さが促される方法を考えるよう後押ししてくれます。

あなたが知る最も謙虚な人は誰ですか？

あなたが知る、最も謙虚な人について考えてみましょう。あなたと直接関係のある人かもしれませんし、あなたが一度も会ったことのない人かもしれません。

私の中での謙虚さを表す個人的英雄として、20世紀のイギリス人作家であるG・K・チェスタトンがいます。

チェスタトンはその時代の最も影響力のある作家として知られ、彼の謙虚さは有名です。謙虚さは幸福と感謝への鍵である、とチェスタトンは理解していました。

タイムズ紙は、かつて読者に「この世界における問題は何ですか？」という質問に回答するよう依頼しました。チェスタトンの回答は、中でも最も短かったのです。チェスタトンは、単に「拝啓　私です（I am）。敬具　G・K・チェスタトン」と書いたのみです。[10]

模範となる人物を取り上げたら、その人物が謙虚に見える理由や、その人物によく見られる他の特質、あるいはその人物の謙虚さが現れる状況を考えてみましょう。取り上げた人物は謙虚さに関してどれくらい多くの側面を持っているのかを15分ほど書き出してみましょう。

どのような点であなたはその人物になりたいでしょうか？　その人物が積極的に謙虚であろうと努力していると思いますか？　それとも、その人物の元来的な存在の仕方だと思いますか？　どうすれば、この模範となる人物のようになることができるでしょうか？

思索は謙虚さをどう育むことができるでしょうか？

次のようなことを想像してみてください。

あなたは深い安心感とともに、内的バランスを感じています。あなたは自分自身の中が調和され、他者と調和し、そしてより大きな環境と調和しています。

あなたは、回復力や活力が増加しています。あなたの感覚は活気づいています。より豊かで質感のある知覚体験をしています。驚くことに、通常であれば、疲れて消耗してしまうと感じた時でさえも、元気が出てくるように感じます。いつもあなたをうんざりさせるような物事が、そんなにうんざりさせるようなものではありません。

あなたの身体は、生き返ったように感じます。あなたの心の中はすっきりしています。しばらくの間、優先順位がはっきりし、内的葛藤が解消するため、意思決定が明確になります。直観的洞察により、以前は休むことなく考えても数週間かかっていた問題に適した解決策が突如もたらされます。

創造性が自由に湧き出てきます。[19]あなたは、他者としっかりつながった感覚や深い充実感を経験しているのではないでしょうか。

多くの人は、人生のどこかの場面で、今描写したものと類似した状態を経験したことがあるでしょう。こういった魅力的な瞬間は、ピーク体験、フロー状態、または精神的洞察と呼ばれるかどうかにかかわらず、自己超越的な状態であり、自己を拡張するだけでなく、逆説的に、自己よりも大きく遠大な存在の中で謙虚さの感覚をもたらします。

畏敬の念を起こさせる経験は、確かに謙虚さを高める1つの道を提供するでしょう。ある研究において、大学生たちが謙虚さを感じる状況を特定するように求められたとき、多くの大学生は、自然界の驚異について思索している場面であると回答しました。

謙虚さが生み出す結果と一致するように、自己を超越するこれらの瞬間は、認知的柔軟性、創造性、革新的問題解決など、人間の体験のほぼすべての領域にわたって最適な機能を促進します。それらは、思いやりを持った手助け、寛大さ、そして、効果的な協力を促します。

あなたが人生から権利意識を取り除き、感謝と謙虚さを取り入れることで、精神的にも心理的にも解放されます。感謝とは、人生は私自身に何かしらの義務を負っていないし、私が出会う良いことはすべて贈り物だという認識のことです。

それは、自身に与えられてきたすべての物事への応答です。私たちが望んでいることを得ることではありません。私の目は贈り物なのです。妻も、服も、仕事も、呼吸も。

これは重要な転換です。人生のすべての良いことは、結局のところ贈り物であるという認識は、現実の根本的な真理です。謙虚さはそのような認識を可能にします。謙虚な人は、「あふれんばかりの感謝の気持ちで満たされないわけがあるでしょうか？」と言います。

感謝の姿勢をつかんだ人の例として、悲劇的ではあるものの、ブルリアというユダヤ人女性がいます。ブルリアの物語は、ユダヤ教の中心的聖典であるタルムードで語られているものです。

ブルリアと夫のラビ・メイアには、2人の息子がいましたが、2人とも安息日の前のある金曜日の午後に亡くなりました。ブルリアは、この悲劇的な出来事を、安息日の後まで夫には話さないと決めました。なぜなら、ユダヤの掟では、人は安息日には葬儀をすることや、公然と嘆くことが許されていないからです。

安息日が終わるまで何もできることがなかったので、子どもの話を自分の中でとどめ、その日は夫の言うがままに過ごしました(こんなことができていることを想像してみてください)。ブルリアは息子たちの居場所を説明するのが精いっぱいでした。

安息日が終わった時、ブルリアは、その恐ろしい事実を夫に打ち明けました。ブルリアは夫に、法的な問いを投げ掛けてみました。ある人が他者から2つの宝石を借りて、元の所有者が宝石の返却を要求した場合、適切な行動指針はどのようなものだろうか、と。

夫は「要求されたならば、その人は貸しつけを返却する義務がある」とはっきりと答えました。彼女は、その後、夫を、子どもが横たわっている場所に連れて行き、「神は、私たちの2つの宝石を返すよう依頼されました」と言いました。[20]

ブルリアは、人生を変えるような教訓を教えてくれています。私たちが持っているのはすべて貸し出されたものだ、ということです。

第6章

感謝、苦悩、そして救済

Gratitude works! 1

感謝は苦しみを癒やす

「人生には苦悩がある」空前のベストセラーである心理学書は、この文章から始まります。[1]

苦しみが人間としての特有の条件であるという結論は、何世紀にもわたる世界中の哲学、神学、心理学の著述に書かれています。

生きることは、喪失という避けられないことに直面することです。それは、配偶者の死、家族の死、友人の死、健康の喪失、ターミナルな症状、身体や精神に困難を抱えた子どもの誕生、離婚、仕事の喪失、恋愛関係の終了、大切にしているペットの喪失など、続きます。

世界の偉大なる知恵の伝統に共通する礎となる基本真理の1つは、「人生には苦悩がある」ということです。

例えば、ゴータマ・ブッダの四聖諦の最初は、人生は必然的にドゥッカ（苦しみ）を伴う、とされています。ブッダは、世の中には、幸福と悲しみがあると認め、私たちがたとえある種の幸福を享受したとしても、永久ではなく変化するものであると説きました。

ヒンズー教では、精神的および肉体的苦しみはカルマの展開の一部であり、現在や過去の人生で起こった不適切な行動（精神的、言語的、肉体的）の結果であると考えられています。それは処罰としてではなく、過去の否定的な行動に応じて作用する宇宙の道徳的な法則の自然な結果であると捉えられています。

苦しみを悪いものとしてと見なすことは、苦しみの片側だけを見ることになります。苦しみは、精神的な道を前進させたり、人生のプラスの側面に感謝する感覚を呼び起こすようにつながれば、肯定的なものになりうるのです。苦しみを、進歩するための道すなわち困難な経験により試され、そこから学んでいく道として取り入れる人さえいます。

宗教が教える教訓は、苦しみは変容し困難な経験は逆転し取り返しうるということです。人生の逆境が個人の成長の触媒として作用する可能性は、心理学の著作でもおなじみのテーマです。

自己実現した人の研究において、アブラハム・マズローは、「最も重要な学習経験は、（中略）悲劇、死、トラウマでした。（中略）それは、個人の人生観、そして結果的に本人がするすべてのことに変化をもたらした」と指摘しています。[2]

悲劇を好機に変えるには、自分の人生の要素（否定的な物事と肯定的な物事）、さらには人生そのものを贈り物として認識する能力が、非常に重要であると思われます。

感謝の気持ちを育むことで、過去の傷を癒やし、人生に新たな肯定感を持って未来を見据えることができます。私たちは、たとえ今、感謝の気持ちがなかったとしても、感謝することができることを理解しています。

苦しみは、自給自足のような存在であるという私たちの幻想を打ち砕き、私たちに責任を持たせるようにし、本当に重要なことは一体何かを教えてくれるという点で、感謝する理由になりうるのです。

喪失や失望の経験によってしがみつく人生の表層的なものが取り除かれ、今まで気づくことのなかった価値あるものが見えてくることがあります。

近年、ストレスによる増加やトラウマによって引き起こされた変化の研究が、かなり増えています。予期せぬ能力が現れ、今まで当たり前だと思っていた既存の人間関係がより貴重なものとなり、人生における本当に大事なものへの気づきや洞察が生まれ、精神的な感覚が高まりました。

ただし、誤解しないでください。これらが簡単で、自然に発生すると言っているわけではありません。大変なことに感謝するのは、容易ではないのです。仕事や家、健康を失ったことや、退職後資産に壊滅的な衝撃を受けたことに「感謝を感じる」人なんて誰もいません。例えば、ある母親が私にメールをくれたことがあります。

私は1年前に愛する息子をメラノーマで亡くし、義理の娘と私は、自分たちの感情を整えるのに苦労しています。私たちは深く意気消沈し、回復することができなかったのです。私たちの心が癒やされ、一緒に過ごしたすべての年月に感謝するようになるまでには時間がかかることを私は分かっています。子ども（息子）は、38歳で、人生の全盛期でもありました。息子を奪われたことに怒りを感じますし、医療現場で9カ月以上も誤診され、あまりにも進みすぎていたことに腹が立ちます（中略）もはや幸せになるのはとても難しいことです。[3]

彼女を励まし、それでも感謝しなければならないことに注目するように伝えますか？　いいえ。彼女は、頭の中では感謝することが最も良い方法であることを分かっていたものの、息子を失って1年たっても、そうはできませんでした。それでも、彼女が在り方として感謝の気持ちを育むことができれば、最終的にはたどり着くことは可能です。

わが国（米国）を襲った経済的危機の余波の中、悲惨な状況の下で人々は勇気を出して感謝の気持ちを持てるか、と私はよく尋ねられました。

私の答えは、感謝する態度は助けになるだけでなく不可欠である、ということです。実際、危機的状況の時こそが、人生において感謝するという観点を持つことで最も多くのことを得られます。

士気喪失に直面している時、感謝は活力を与える力を持っています。傷ついている時、感謝は癒やしの力があります。絶望に直面する時、感謝は希望をもたらす力があります。

私は、感謝が人生への最も良いアプローチだと信じています。人生がうまくいっている時、感謝は、うまくいっている良さを祝福し、その良さをしっかり見ることを可能にします。

人生がうまくいっていない時には、人生を全体的な観点で見ることができ、一時的な状況に圧倒されない見方をもたらしてくれます。そしてこれが、感謝する人が行っていることと言えます。

感謝する人々は、何が起ころうとも逆境を好機に変えて、それ自体を贈り物だと捉えることを学んでいます。こんなふうに人生を捉えるには、感謝が、その人の中に深く根づいている必要があります。そしてそれは、本書で議論してきた慣例、実践を根気よく使用することで育まれるものです。

「感謝を**感じること**」と「感謝する人で**あること**」を区別することが大切です。私たちは自分たちの感情をそれほどコントロールできていません。感謝の気持ちを感じ、落ち込みを減らし、幸せを感じることとは、望んだからと言ってそう簡単にはできません。

感情は、私たちが世界をどう捉えるかによって生じます。すなわち、物事の実際のありようと物事のあるべき姿、そしてこれら2つの隔たりに従って生じます。

しかし、感謝する人であることは選択することであり、持続的な態度であり、日常生活で出くわす利得や損失に比較的影響を受けない有力な態度です。

ただ私は、感謝する態度は困難な状況を通じて容易に学習できるものだと言いたいわけではありません。時にはゆっくりしたスタートも必要です。

グラミー賞を受賞したシンガー・ソングライターのメアリー・チェーピン・カーペンターは、彼女自身の感謝の学習曲線について述べています。

彼女は、まさに始まろうとするツアーに向けて出発しようとした時、肺塞栓症（血栓などにより肺動脈が詰まってしまう病気）に苦しみました。それはもう少しで致命的なものになるところでした。

療養中、彼女は、不安、痛み、恐れなどで意気消沈し、悩まされました。そんな中、食料雑貨店の店員が彼女の様子を尋ねました。この何気ない声掛けによって、メアリーの心は、その日、翌日、そしてその先の日々という贈り物への純粋な感謝へと変わったのです。彼女は書いています。

私が人生を脅かすような病気になった理由を、医師たちが適切に述べられるかは分かりません。ただ、食料雑貨店の若者が、毎日がすべてであることを思い出させてくれたことを、私は分かっています。それが今の私の信念となっています（中略）感謝の学習曲線は、私自身がどんな人間であるかを如実に示してくれています。[4]

損失や悲劇が訪れる前に感謝の態度を養うことは、一種の心理的免疫システムを作り上げます。その心理的免疫システムにより、私たちの状況は和らぎます。感謝する傾向のある人は、日々のちょっとしたやっかいなことから大きな波乱といったことまで、あらゆるレベルに関するストレスに対してより回復力があるという科学的根拠があります。

さらに、試練を通して、物事を当たり前と捉えないように私たちが認識するならば、試練や苦しみは、感謝の気持ちに磨きをかけ深めていきます。

感謝の国民祝日である感謝祭は、厳しい時代に発展した歴史があります。最初の感謝祭は、厳しい冬や厳しい年で、約半数の巡礼者が亡くなった後でした。南北戦争の最中の1863年に国民祝日になりました。そして、大恐慌の後、1930年代に現在の日に移りました。この祝日の経緯にはどのような意義があるのでしょうか？ 順調な時よりも困難な時の方が、恩恵を数えるには良いのでしょうか？

Gratitude works ! 2

悪いことを良いことへ

1929年10月、株式市場は暴落し、国中の人々は大恐慌として知られた事態の影響を感じ始めました。貯金は蒸発し、当然のものとされていた仕事や収入が一晩でなくなりました。パンの施しを受ける列が、国中の街の各通りにできたのです。この国の歴史における最も暗い時代の1つでした。

その年の11月中旬、教会の指導者グループがボストンに集まり、来る感謝祭の場で信者にどのようなメッセージを伝えることができるかについて決めようとしていました。

一部の人は、苦しみの最中に信者が感謝に焦点を当てることを望むのは適切ではないと考え、感謝というトピックをなくしたいと考えました。しかし、ウィリアム・スタイガーは、人々を集めて、「今、感謝を捧げることをトピックからなくす時ではありません」と言いました。この言葉はまさに、人々がこの場面で聞く必要のあったことです。

ウィリアムは言いました。「このような時こそ、最も感謝する必要があります。現在苦しい状況ではあるものの、残った良いものをはっきりと確認することが何よりも必要なのです」と。

これは、苦しみと感謝を同時に捉えようとする、長い歴史的伝統の1つの例示です。感謝は思い出すことから始まり、逆境の記憶は、感謝を捧げることの礎となります。

ハーバード大学の故ピーター・ゴメス師は自著『The Good Life』の中で、19世紀の巡礼者バプテストについて引用しています。逆境に遭遇した年月の後となる彼らの新しい聖所での最初の奉仕テーマは「私たちの苦難の年月は、現在の喜びを促進するのに役立つ」でした。[5]

古代の近東文化では、イスラエル人は、ヘブライ語の聖典に書かれているように、神への忠実さを公に宣言し、抑圧と奴隷制度からの解放を祝福しました。これらの物語では、苦悩や苦しみは、そこで受け取った良い事柄を認識することで贖《あがな》われます。そこには、対照的に安心感のある強い感情が伴います。順調な時は、人は成功や繁栄を当たり前のことと考え、自分たちは傷つくことはないと信じ始めます。

不安定な時には、人は自分たちの運命をコントロールすることがいかに無力であるかを理解し、その理解が現実のより深い認識につながることがあります。

あなたが持っているすべてのもの、あなたが頼りにしているすべてのもの、あなたが自分の幸福に重要であると思うすべてのものが奪われるかもしれないことに気づき始めたら、感謝は自分の基盤を決して破壊されないように組み立て直す方法となります。

苦しみと贖いを対比させることは、感謝を実践するコツとして役立ちます。悪いことを覚えておくことです。

悪いことと良いことの対比は、次のように行われます。すなわち、あなたの人生で最悪の時期、難儀、喪失、悲しみについて考え、その後、今あなたがここにいて、それらを思い出すことができ、人生で最悪の時期を切り抜け、トラウマを乗り越え、試練をくぐり抜け、誘惑に耐え、良くない人間関係を生き抜き、暗闇から前進していることを思い起こします。

悪い事柄を思い出し、その後、あなたが今いるところはどんなところかを見てみましょう。どんなに困難な人生であったか、どれだけの道のりを歩んできたかを思い出すプロセスが、私たちの心の中に明確な対比を生み出し、それが感謝のための肥沃《ひよく》な土壌となってくれるのです。

私たちの心は「仮に○○をしなかったらどうなっていたか」といった観点から考えます。つまり、物事が現在どうあるかを、物事が異なっていたかもしれないということと比較をしたり、または実際に物事がかつての状況とどう異なっているか、との比較を頭の中で行ったりしています。

現在と否定的な過去とを対比させることで、私たちは幸せを一層感じ（少なくとも不幸せが減ぜられ）、全体的なウェルビーイングの感覚を高めることができます。

感情を研究しているニコ・フリーダは、2つの法則を提案しました。その法則は、このような贖いの変化が感謝につながる理由を説明するのに役立ちます。[6]

第1に、変化の法則ですが、私たちの感情は、出来事そのものではなく、出来事における実際の変化あるいは予想された変化によって引き起こされるということです。

もし私が静かでリラックスできる夜を、自宅で妻とともに過ごすことを期待して帰宅した時に、犬がいなくなっていたり、親戚が来ていたり、トイレが詰まっていたりすることが分かると、現実が自分の期待とはかけ離れていることを認識して、感情が大きく揺れます。

しかし、最悪の事態を想定して帰宅すると、妻がロマンチックなろうそくのともった夕食を用意してくれて、子どもや犬がベッドでくつろいでいたら、私の感謝の気持ちは計り知れないものになるでしょう。

期待を基点とした変化が大きければ大きいほど、感情反応はより強くなります。これは、私たちが当然と思っているもの（健康、仕事の満足、大事にしていた人間関係）を失う時に、苦しみを大きく伴う理由の説明にもなります。

不確実さや意外性（驚き）の程度は、第2章で論じたように、感情の大きさに影響を及ぼします。何かを失った後に取り戻すような場面は身近な例と言えるかもしれません。

新約聖書の放浪息子のたとえ話に出てくる父親の喜びを考えてみましょう。「私の息子は死んだが、再び生きている。この子は失われていたが、今は再び見いだされた」と言って、父は、帰ってきた息子を再び抱きしめ、おかえりと言って盛大なお祝いを準備しました。

ニコ・フリーダによる感情に関する第2の法則は、比較する気持ちに関することです。すなわち、感情の強さは、出来事とその出来事が評価される枠組みとの関係に左右されます。私たちは絶えず、自分の現状と、過去に経験したことや起こってほしいと望んでいること、他者に起きたことなどと比較しています。参考となる枠組みはたくさんあります。例えば私は、自分の周囲で経済的に困窮している人を見ると、たとえ自分に数年賃上げがなくても満足する感覚を覚えます。

あなたが今日感じる感謝の気持ちを過去の出来事と対比することで、どのような恩恵を得られるかを確認するエクササイズをちょっと試してみましょう。

まず、あなたが経験した最も不幸な出来事の1つを考えてください。今日、どれくらいの頻度でこの出来事のことを考えますか？　現状と対比することで、感謝の気持ちや喜びの感情が引き起こされますか？　あなたの現状が、考えられるほど悪いわけではないと認識できますか？今、あなたの生活がどれだけより良いものかを理解し、感謝するようにしてみましょう。

こうすることで、現在の物事に不平を述べる理由が少なくなるでしょうか？　ここでのポイントは、過去を無視したり忘れたりすることではなく、実りある現在のものを捉える枠組みをつくることであり、それにより経験したことを考えます。

「悪いことを良いことへ」現象についての他の例は、人の死ぬべき運命に直面することについての研究にあります。最近の研究では、死を考えることで、自身の人生により一層感謝できるようになることが分かってきました。[7]

研究者たちは、参加者に、高層ビルに閉じ込められ、煙でむせ、火の中で死ぬという「死」のシナリオを想像してもらいました（くれぐれもディナーパーティーでこれを試さないでください）。

その後、参加者には、現時点の感謝レベルを把握する一連の質問に答えるように依頼しました。死を振り返ったグループは、参加者である2つの対照群と比較して、感謝の感じ方が大きく高まっていました。

死の可能性に直面することにより、英国の作家G・K・チェスタトンの「人生とは喜びだけではなく、一種の風変わりな特典である」という洞察の的確さに気づくことができるのではないでしょうか。[8]

Gratitude works !

3

感謝して、対処する

かつて、ドイツの神学者であり、ルター派のディートリッヒ・ボンホッファーは「感謝は、記憶にある苦しみを平穏な喜びに変える」[9]と言いました。

私たちは、感謝が幸福を促進することを分かっていますが、それはなぜでしょうか？　感謝はさまざまな方法で幸福感を高めますが、その理由の1つは、それが不快な感情の影響を低下させるよう、不快な出来事の記憶を再解釈するのに役立つからです。

これは、感謝の気持ちを持って対処することは、否定的な出来事に含まれる肯定的な結果を探し出すことを意味しています。

感謝の気持ちで対処することは、例えば、ストレスの多い出来事が、今日の私たちをいかに形成したか、そして人生で本当に重要なものを再評価するよう私たちをどう促してくれたかを把握することかもしれません。

傷ついた感情を扱う上で感謝が役立つ戦略であることは、苦しみや痛みが無視されたり、否定されたりすることを意味しません。ポジティブ心理学の分野は、否定的な感情の価値を認めることをしないと批判されることがありました。

例えば、メイン州のボーディン・カレッジのバーバラ・ヘルドは、ポジティブ心理学は否定性について非常に否定的であり、肯定性には非常に肯定的であったと主張しました。人生には失望、フラストレーション、損失、傷、挫折、悲しみがあることを否定することは、非現実的であり、人生の現実を考えると受け入れられなくなってしまいます。

人生は苦しみです。どんなポジティブ思考の練習でも、この真理は変わりません。もし、人が人生の多くの困難について気分悪く感じ、どうやっても（感謝を感じることができずに）それら苦痛をしのぐことができないならば、最後にはさらに悪い感情になるかもしれません。というのは、正しい態度を持てていないことへの罪の意識や欠陥を感じてしまうかもしれないからです。もともと彼らを苦しめていたものがどんなものであれ、それに加えてです。[10]

こういった見解は、バーバラ一人ではありません。セラピストのミリアム・グリーンスパンは、著書『Healing Through the Dark Emotions』の中で、不快な感情についてこう述べています。

私たちは、直すために心理療法士にお金を支払い、それを鎮めるためにプロザックを服用し、それを克服するために勧められた宗教の助言を求め、それを打ち負かすために鼓舞するような本を読み、それに対処するために回復プログラムや自助グループに参加し、それから逃れるために数百万ドルを費やし、アルコール、ドラッグ、食べ物、仕事、所有物、セックス、エンターテインメント、そして気晴らしができるすべての技術的な玩具を使用します。[11]

これらの指摘はもっともです。励ましの言葉を与えながら、単に恩恵を数えて感謝しなければならないことがどれだけあるのかを思い出しましょうと言うだけでは、確かに多くの害になってしまうかもしれません。

感謝というレンズを通して人生経験を処理するのは、何も否定的なことを否定することを意味しているわけではありません。表面的な幸福学の一形態ではありません。そうではなく、障害や妨害を好機へと変換しなければならない力を、しっかり認識することをまさに意味しています。

喪失を潜在的な獲得へと見方を変えること、否定的なことを感謝に向けた肯定的な方向へと位置づけ直すことを意味します。感謝の気持ちへと再構成することがどのように機能するのかを検討する研究が増えてきました。

イースタン・ワシントン大学では、参加者たちに、不快で未解決のままになっている記憶（感情が高まったり、不快でいまだ収まっていない過去のよくある出来事。例えば、喪失、裏切り、虐待、その他動揺するような個人的経験）を思い出し、それらを書いて報告してもらう研究を行いました。参加者たちは3つのグループのいずれかへランダムに割り当てられました。

参加者たちは皆、3つのトピックのうちの1つを、3セッション、20分間かけて書きました。3つのトピックは、①未解決のままの記憶とは関係ないこと、②未解決のままの記憶に関係する体験、③未解決のままの記憶に関する肯定的な結果すなわち現在では感謝することができていること、でした。3番目のグループへの指示は下記のとおりです。

この研究のために、未解決のままで記憶していることを思い出してください。20分間、その記憶について書いてください。少しの間、この体験について、もう一度考えてみてください。

最初は、書き留めた出来事は、人生に肯定的な影響を及ぼしていないように見えるかもしれません。しかし、悪いことが発生する時でさえ、最終的には、感謝できるような肯定的な結果になることもあります。

この困難な体験の肯定的な側面や結果に焦点を当ててみましょう。この出来事をきっかけに、今、あなたはどのようなことに感謝するようになっていますか？　この出来事によって、あなたは人としてどのような恩恵を得ましたか？　どう成長しましたか？　その経験を通じて生まれたご自身なりの強みはありますか？　その出来事によって、将来遭遇するかもしれない課題に対処する力が高まったでしょうか？　その出来事によって、人生を大局的に捉えるようになりましたか？

その出来事は、人生で本当に重要な人や物事を理解するのに、どのように役に立ちましたか？

要するに、この出来事がもたらした有益な結果に、どのように感謝することができるのでしょうか？

書くときは、句読点や文法は気にする必要はありません。思いつくままに、その体験に関して、今では感謝できると思う肯定的な側面をできるだけ多く書いてください。[12]

未解決のままとなっている記憶として、最も多く見られたものは、恋愛で拒否されたことでしたが、これは大学生であることを考えるとそれほど驚くことではありません。

感謝することを書くことは、かなり効果的であるという結果となりました。体験に感謝するようにした参加者は、単に体験を書いただけだった参加者（体験から何か取り返そうとすることを促されなかった参加者たち）と比べて、不快な感情の影響がより終結的なもので、低かったのです。

参加者は、体験したことの否定的な側面を考えないようにとか、その痛みを否定したり無視したりするように、とは決して言われていません。

さらに、感謝した参加者は、煩わしい記憶が少ないことも示されました。煩わしい記憶とは、なぜそれが起こったのか、防ぐことができたかどうか、自身が引き起こしたと信じるかどうかといったことを考えるようなことです。

この研究で示されたように、感謝の気持ちを持って考えることは、苦しい記憶の癒やしを促し、ある意味ではそれらを取り戻すことができます。

20分間かけて書かなくともこと足りることが他の研究では示されています。ミズーリ大学のローラ・キングは、彼女が「2分の奇跡」と呼んでいることの証拠を見つけました。人生の中での良い出来事について数分書くだけで、肯定的な感情を生み出すには、十分かもしれないのです。[13]

カリフォルニア大学デイビス校の私の研究室に所属する大学院生であるアンジャリ・ミシュラは、過去に傷ついたことに対して感謝を込めて書くことをテーマに一連の研究を続けました。アンジャリは、学生に、個人的に動揺した出来事について、3つの観点のうちの1つから書くように依頼しました。

あるグループは出来事を感謝の観点から書き、他のグループは出来事を事実として書くか、その出来事についての自分の感情だけに焦点を当てて書きました。指示の概略は次のとおりです。

あなたにとって重要で個人的な人生経験、すなわち実際にかなり動揺した経験について考えましょう。

この経験について、損失、拒絶、怒り、悲しさ、不安、あるいはフラストレーションといった感情を感じているかもしれません。よくそれについて考えたり、まだ心の中で完全に解決していないような経験を選んでください。少しの間、その経験について考えてみてください。（中略）人生における否定的な出来事でさえも、最後には、感謝の感情へとつながるような肯定的な結果をもたらすことができます。

では、20分の間、そのトラウマ的な出来事から、あなたは人間としてどのように成長したか、そして、その出来事が起きた後に感じた感謝の気持ちを、詳しく説明し、書き出してください。[14]

ここで実際に書かれた話を読むと、私はつらくなります。親の離婚、恋愛に関する裏切り、アルコール中毒、ペットの喪失、学業上の落第、性的暴行、恐ろしい話の連続です。

一方で、感謝することを書くことで、学生はその出来事に何らかの意味を見いだす能力が高まったことが結果として明らかになりました。感謝することを書く条件群の参加者たちは、他の2つの条件群の参加者たちと比較して、経験の意味を理解することができたという傾向がより強く、また将来への希望をより多く持っていました。

解決していない記憶や、過去の不快な体験で悩んでいるならば、あなたは、感謝の言葉を使って考え方を改めてみるのも良いかもしれません。私たちが感謝して恩恵を受けるための不愉快な体験は、トラウマとなるようなものである必要はありません。大きな出来事であっても小さな出来事であっても、ご自身に尋ねる追加の質問をいくつかここでご紹介します。

・私はその体験からどのような教訓を得ただろうか？
・発生した当時はしなかったものの、今、その出来事に対して感謝する術をいくつか見つけることができるだろうか？
・その体験によって高まった、自分でも驚くような能力にはどのようなものがあるだろうか？
・その体験によって、今の私はなりたい人物により近づいただろうか？
・その出来事が起きてからは、その体験に関する否定的な感情が、感謝する力を限定したり妨げたりしたのだろうか？
・その経験をすることによって、以前は感謝を感じるのを妨げていた自分の中の障害が取り除かれたことはなかっただろうか？

ある23歳の女性は、19歳の弟を水難事故で失いました。彼の身体は、スペリオル湖の氷をすり抜け、湖のほとりの谷間に打ち上げられるまで返ってきませんでした。弟が亡くなった時、女性は別の国に住んでいたこともあり、深く悲しみ孤独を感じていました。感謝どころではなかったのです。しかし、彼女は次のようなことを見いだしました。

ある日、仕事に行く途中、大きな木陰に座って笑って楽しんでいる人たちがいるのに気づきました。足がない人、腕がない人、目に布を当てている人たちでした。後に、ハンセン病療養所の人々であることが分かりました。彼らが自身のコミュニティから追放されたことに私は驚いたものの、彼らは人生を楽しんでるようでした。その瞬間、私は感謝し、謙虚になり始めました。彼らが集まってくれていることに私は感謝しました。自分の2本の手と足があることを感謝しました。私は変化し始めました。あるものないものすべてに感謝し始めました。考え方を変えることを意識して選択しました。弟はもうここにはいませんでした。もはや彼の死が不公平であるといったことに焦点を当てないようにします。私はここにいます。私には家族がいました。私には人生があります。弟の死によって、人生がいかに貴重なのかを私は理解することができました。[15]

あなたの目標は、そういった体験を追体験することではなく、それについての新しい視点を得ることであることを忘れないでください。単に、動揺した出来事を詳細に復唱することだけでは、かえって気分がすぐれなくなってしまいます。

これがカタルシスがあまり効果的ではなかった理由です。洞察を伴わない感情の発散では、変化は生まれません。あなたが、それまでの捉え方を取り返すような新規の観点を見いだすことができない限り、出来事についていくら書いても役には立ちません。

この新しい観点を見いだすことは感謝する人々が持つ強みと言え、あなたの感謝の水準がどの程度であったとしても学びあるスキルとなります。

涙を誘うような作品が好きな理由

オハイオ州立大学の研究者たちによる2012年の興味深い研究は、本や映画で悲劇的な物語を私たちがなぜ愛するのかを説明しようと設計されました。

私たちは、「ゴースト」、「タイタニック」、「アンナ・カレーニナ」、「風と共に去りぬ」といった映画を、なぜ何度も何度も進んで見るのでしょうか。なぜ、悲劇を扱ったジャンルはこんなに人気を得るのでしょうか？

コミュニケーションが専門のシルビア・ノブロフ・ウェスターウィック教授らは、悲劇のパラドクスを提案しました。悲しみが増すと楽しみが増す、というものです。

参加者たちは、キーラ・ナイトレイとジェームズ・マカヴォイが出演の2007年の英国映画「つぐない」の短縮版を視聴しました。10代の少女であるブライオニーが、犯していない強姦で姉妹の恋人を非難し、関係者の人生をいかに変えてしまうかを描いた映画である、と参加者たちは述べました。

参加者たちは、上演の直前直後に、自分の人生全般についてどう感じているのか、また、それぞれの時点でどれくらいの幸せや悲しみを感じているかを測定する詳細なアンケートに回答しました。

質問の後半は、映画に挿入されていた3回の小休止中にも尋ねられました。映画の後には、映画がどのように自分自身、自分たちの目標、人間関係、人生全般を振り返るきっかけになったかを、参加者たちに記入してもらいました。

映画を見た人たちは、この映画を憂鬱だと捉えていたのですが、「この映画を見て、人生の中で自分が持っているものに、より感謝するようになった」といった文面に反映されるように、感謝の気持ちを是認する傾向が見られました。

参加者は、「それはまた、私が今歩んでいるこの人生はいかに恵まれ素晴らしいものかを気づかせてくれます」「この映画は、自分が持っているものに感謝を促すとともに、それがいかに簡単に奪われてしまうかを気づかせてくれます」「人生をいかに当たり前のものとは思わないようにするかを考えさせてくれます」などと語っています。[16]

想像上で悲劇にさらされることにより、感謝の気持ちを呼び覚ますことができます。皮肉なことに、感謝を感じられる前には、まずは悲しみを感じる必要があるのかもしれません。

悲劇が現実のものとなるには、そこに本当に貴重な何かがあるはずだと言われてきました。だからこそ、感謝は悲劇の裏面であり、絶望やむなしさではありません。絶望やむなしさは、大事なものや望むものがもはや何もない時に起こります。

感謝と集団的トラウマ

共有されたトラウマ（例えば、ハリケーン、地震、洪水などの自然災害、テロ攻撃や銃乱射などの人間の残虐行為）を再解釈することは、個人だけでなく、コミュニティにとっても有用となりうるのです。

ハリケーン「アンドリュー」が発生した時に南フロリダに住んでいた親たちがインタビューを受けた際に答えた重要なことの1つが、ハリケーンで失わなかったものへの非常に強い感謝の気持ちでした。

5つの家族の家が移転を余儀なくされるほどの被害を受けたものの、彼らのうち、誰も愛する人を失うことはありませんでした。自分たちにとって最も重要なものを失うことを免れたことは、恐ろしい災害の中でも、心からの感謝の念を体験することになりました。

2011年の3月に日本を襲った災害が発生した後に、被災した中でも感謝の気持ちが驚くほど湧き上がった1つの例があります。オオトモミコさんは、地震が仙台にある自宅を襲った時、夫と3人の子どもと、82歳の父と一緒でした。

彼女たちはなんとか車までたどり着き、津波が来る前にと安全な場所へ急ぎました。「姉は波が近づいてきた時、バスの中でした。バスの運転手は、乗客にバスから降りて走るようにと伝えました」とオオトモさんは語っています。「姉はそこから立ち去ることができたのですが、早く走れない人もいました」

「津波が来たので、私は祖父と犬を連れて、車で移動しました。ちょうどすぐ後ろまで波が来ていましたが、障害物があったのでジグザグに安全を確保しながら進んでいきました」とオオトモさんはリポーターに語りました。オオトモさんは、家族全員が波から逃れることができたことに感謝しました。[17]

日本でもおなじみのシンガー・ソングライターの石井竜也氏は、津波と震災から1年後、震災を経験した子どもたちとともに活動しました。石井氏のプロジェクトは、災害時や災害後の子どもたちの感想や体験をまとめた歌をつくるものでした。

子どもたちの作品が音楽になった後、石井氏は、クラスの皆に「この歌をどう呼びたいか？」と尋ねてみました。すると驚いたことに、一人の生徒が手を挙げて「世界にありがとう」と言ったのです。[18]

さて、困難は、いつも不快かつ予期しない出来事という形でやってくるわけではありません。最近親となった人たちを対象とした研究では、「感謝する気持ちを思い出すこと」が、新生児への対応に最も役立つと見なされていることが見いだされました。（「子どもと一緒に何かをする」「赤ん坊の親であること」「パートナーを信頼すること」に次いで）[19]

これらの知見を裏づけるように、大学にいる女性のトラウマの経歴を調査した最近の研究では、感謝（感謝は4項目のポストトラウマ感謝尺度によって測定された。それには、幸運である、ありがたいと感じる、心から評価する人生、安堵感が含まれる）が感情的な成長と関連していることが明らかになりました。

参加者は、過去に経験した最悪の出来事について、そのトラウマが、死や損傷の恐怖などを伴ったものであるかどうか、極度の恐れや無力感を感じたかどうかについて質問に答えました。

トラウマを回顧し、より大きな感謝の念を報告した女性たちは、その出来事の数カ月後や数年後に、心的外傷後ストレス症候群の症状が少なく、重症化していないことが報告されています。

この知見は、感謝が女性たちを保護する要因となっていることを示唆するのではないかと思われます。おそらく、恩恵に焦点を当てる感謝に関連した思考は、自分を責めるような精神病理学に関連した思考とは相いれないのでしょう。

被害者という認識から、行為の主体者への移行――例えば「私は自分の行動を選択することができる」「私は自分でコントロールできることに努力の焦点を当てる」――などは、よく言われます。[20]

数年前、私は、衰弱性の身体疾患を持つ人たちに、誰かや何かに対して深い感謝を感じた時の状況を物語風に書いてほしいと頼んだことがあります。

その体験を頭の中で再現し、まるでその出来事が発生した場面に自分が戻ったように、その時の感情を感じてもらうよう依頼しました。そして、その状況で何を感じたのか、それらの感情をどのように表現したかを振り返ってもらいました。

人は進行性の病気に直面すると、人生が非常に困難で、つらく、いら立たしい思いをするものだと考えることが多いです。彼らが何か感謝すべきことを見つけられるのだろうかと私は疑問に思いました。

多くの人にとって、生活は、ペインクリニックや薬局への通院が中心でした。憤りが感謝の気持ちを曇らせたとしても、私はまったく驚くことはなかったでしょう。

しかしここで分かったことは、多くの回答者たちは、特定の場面を決めかねていたということでした。まさに、人生の中で、感謝することがたくさんあったからです。

彼らが書いた内容にはかなり深い感謝の気持ちが描かれていることに私は衝撃を受けました。彼らの人生において人生を変えうる感謝の力がはっきりと描かれている場面が多くありました。

回答者が記述した内容から、次のことがはっきりと見えてきました。①感謝はかなり強烈な感情になりうる、②他の人々が見落としがちな贈り物への感謝が、感謝の気持ちで満たされる最も強力で頻繁に見られる形態である、③本人の状況や環境にかかわらず、感謝は選択されうる。

また、私は半数近くの記述の中で描かれていた、「贖いのねじれ」に衝撃を受けました。すなわち、何か良くないこと（苦しみ、逆境、苦悩）から、感謝を心より感じるような何か良いこと（新しい人生や新しい好機）がやってくるということです。

シャルコー・マリー・トゥース病（末梢神経に影響を与える遺伝性の神経筋状況）のある62

歳の女性は、私たちの感謝の物語研究で、恐怖の物語を次々と語りました。
15年前に、彼女は後方に倒れ、脊椎の上の方にヒビが入りました。彼女は緊急手術を受け、転倒により脊髄がほぼ分断されていたと言われ、その後29日間病院で過ごしました。しばらくして、28歳になる彼女の息子が殺害されました。2年後、彼女の父親は亡くなりました。彼女は次のように書いています。

大きな悲しみに打ちひしがれました。私は善い人間として、子どもたちを善良な人間へと育てたところで、神はなぜそんなに私をお痛めになられるのか。かなり傷ついていたので、私も死ぬんだろうとも思っていました。翌年、同じ月の私の誕生日に、クリスマスが誕生日となる娘が、なんと孫を産んでくれました。私の初孫だったんです。（中略）その後は、神に対して結果論でとやかく言いません！ 1993年に私の下の息子が結婚した時、彼は「ベストマン（花婿の付き添い人の代表）となる男性は亡くなったから」と言って、付き添い人を求めませんでした。4年後、下の息子とその嫁の夫婦は男の子と女の子の双子を授かりました。双子はカーリー・レイとカイル・ウィリアムと名づけられました。ウィリアムは下の息子にとって兄、私の上の息子の名前でした。今、人生、毎日を感謝しながら生きています。毎日、神に感謝しています。というのも家族がいなければ空虚になるからです。私は調子が良くなくても、傷ついたとしても、人生を愛しています。[21]

これらの「贖いのねじれ」は、苦しみや痛みが祝いの機会となる物語です。悪いことは、良いことに引き換えられます。否定的な事柄から肯定的な事柄への転換は、それらが一連のものとしてつながりを持つ力であることを伝えています。

言いかえれば、単なるハッピーエンディングではないわけです。これらの話は、私たちが聞いてみたくて、自分の人生として話してみたい物語です。鼓舞し励ますような物語です。苦しみや困難を克服する人から、皆、励まされるのではないでしょうか。

マサチューセッツのピューリタンの人生や逃れられたアフリカ系米国人奴隷の人生からアルコホーリクス・アノニマスの12段階プログラムで語られた解放と回復の物語などまで、また説法からハリウッドで語られるものまで、贖いの物語は典型的な米国ものであると心理学者のダン・マクアダムスは述べています。[22]

私たち一人ひとりは、贖いを見いだすことができる可能性を持っています。ニューヨーク・タイムズの書評家である角谷美智子氏は、近年の米国の小説や短めの物語を概観し、「今日あるいは米国の歴史において、贖いに関するものほど、説得力のある国民的物語はありません」と書いています。[23]

深い悲しみの中の感謝

チャプレン・ティモシー・ヴァンドゥイヴェンダイクは、ヒューストンにある大規模メモリアル・ハーマン・ヘルスケア・システムでの精神ケアの副代表です。数年前、精神的助言（パストラルケア）に関する年次大会の基調講演者として私はティムに招待され、お会いしました。

彼の著書『The Unwanted Gift of Grief』は、喪失を経験した人々が悲嘆に暮れるプロセスを通して前へ向いていくための支援をする思いやりある内容です。ティムの中心的論題は、私たちが愛する人への悲しみを表現する時は、その人に感謝を表現しているというものです。喪失の痛み——悲しみ、抑うつ、むなしさ、望み——は、実際のところ、感謝の表現であるということです。それは、喪失直後の複雑な感情の処理に役立つ素晴らしい見方です。[24]

ずっと私が好きな映画の1つに、「永遠の愛に生きて」があります。アンソニー・ホプキンス演じるオックスフォードの教授であるC・S・ルイスが、ジョイ・グレシャム（デブラ・ウィンガー）と出会い、結婚するのですが、ジョイをがんで失うという話です。ある時、ジョイは自分の病気と近づく死について話したいと望むのですが、ルイスはもちろん抵抗します。しかしジョイは言います。「痛みと幸せは結びついており、現在の痛みは過去の幸せがあるから可能となっている」と。

ジョイを失った後、ルイスが、現在の痛みとは過去の幸せの一部であるということを思い出す時、彼もそう理解するようになりました。今や悲痛は感謝の一部であると付け加えてもよいのかもしれません。

悲しみの中で感謝を体験しうる方法をいくつかご紹介します。亡くなったその方から、あなたが学んだことについて考えてみてください。

どんな人生教訓を受け継いだでしょうか？　その人はあなたに、どれくらいの数の笑顔をくれたでしょうか？　その人はあなたを何回ぐらい笑わせてくれましたか？　その人と何回ほどともに食事をしたり、良い時間を過ごしたりしましたか？

親としての在り方、息子、娘としての在り方、見知らぬ人との話し方を教えてくれたのは誰でしょうか？　病気になった時、誰が元気づけてくれましたか？　誰が一緒に長い散歩をしてくれたでしょうか？　野球のボールの投げ方、自転車の乗り方を教えてくれたのは誰だったでしょうか？　あなたに喜びを与えてくれたのは誰でしょうか？

あなたにこれらをくれた人を喪失したことで嘆く時でさえも、これらの贈り物に感謝することはできます。ひょっとすると、あなたは感謝の手紙を書きたいと思うかもしれないですね。思い出すことは、愛するその人を敬い、あなたの人生の中でその人が存在し続けることへとつながります。

今朝、友人であり同僚である、ミシガン大学のクリス・ピーターソンが亡くなったことを知りました。クリスは、ポジティブ心理学における偉人であり、予期しない若すぎる死でした。その知らせに呆然としてしまったこともあり、私自身が説いていることの実践をいつすべきか自問しました。

クリスから学んだことを考えました。最初に出会ったのは、1980年代の後半、ミシガン大学に職業面接で行った時です。若い助教授にとって、名門大学のトップ学部での面接は、緊張感の連続でした。クリスは人事委員会の一員でした。

仕事の話をする前に、夕食の場面で、クリスが私を心地よくいさせてくれたことは今でも決して忘れられません。この経験から20年以上の間、私たちは同じ専門領域の研究者同士として多くの旅をしました。クリスはいつも変わらず、丁寧で、親切で、温かく、自分の時間を惜しまず、競争の激しい学術界で欠けがちな素晴らしい特性を有していました。

彼は、感謝日記を書く恩恵についての、私の研究の編集者であり、私の論文を2年近く机の上に放置していた元の編集者から引き継いでくれました。クリスはすぐさまその論文を受け入れたのです。

クリスは私をポジティブ心理学の大物たちの仲間内に入れてくれ、クリスが関わったポジティブ心理学の最初のジャーナルの編集者に私がなるのを支援してくれました。

こういった事柄なら、いくらでも言い続けられます。悲しみには感謝の気持ちがあるという意味を、私は理解しています。愛する人を喪失した悲しみの中で、私たちはその人に感謝を表現しているのです。

Gratitude works！

4

すべてに感謝

人生には必ず、良い時と良くない時、勝利と敗北、苦痛と歓喜、喜びと悲しみが混ざっています。大変な喪失と逆境に直面して、人生の回復力や希望を示すような人たちもいれば、他方、幸運や特権の恩恵を受けているにもかかわらず慢性的な悲しみと後悔を示す人たちを見たことがありませんか？　感謝水準の個人差を説明する気質の違いは、確かにあります。しかし、私たちの現在の感情状態は、私たちが使用している準拠枠（認識や判断の際に使用する枠組み）に、大きく依存しています。

ホロコーストの最高齢生存者であり、イギリス・ロンドンに住む2番目の高齢者でもあるアリス・ヘルツ＝ゾマーの人生を見れば、準拠枠として感謝が使われていることが分かります。顕著な例です。私が本書を執筆している時点で、アリスは108歳です。アリスは有名なコンサートピアニストで、フランツ・カフカの親しい友人でした。

彼女は、私たち誰もが想像しうる以上の状況に遭遇しながら、生き抜いてきました。体験してきた中身とは裏腹に、彼女の並外れた楽観主義と態度はとても際立っていました。

1942年、アリスは、プラハに住む名の知れたコンサートピアニストでした。39歳の時、ナチスの強制収容所であるテレージエンシュタットに送還されました。プロパガンダ目的として、テレージエンシュタットは子どもを親から取り上げない唯一の収容所でした。

アリスは、自身の小さな息子であるラフィとともに送還されました。国際社会を欺くためにナチスによって計画されたその目的は、ナチによるヨーロッパにいるユダヤ人の扱いがいかに良いかを世界に見せるものでした。

絶え間ない皆殺しの恐怖のもと、飢えた囚人たちは、絵を描いたり、音楽を演奏したりすることが許されていました。テレージエンシュタットでは、アリスは、100回以上のコンサートを行い、記憶をたどりながらショパンのエチュードを演奏しました。これが彼女の生き延びることを許可された理由だったのです。

アリスの信条とインスピレーションは、テレージエンシュタットの中で、子どものオペラ「ブルンジバール」に出演して歌った息子のラフィに受け継がれました。アリスの衰えることのない楽観主義が彼に強さを与え、彼自身も生き延びました。

驚くべきことに、アリスは、長年同じアパートメントで暮らし(※2013年発行当時)、いまだにピアノを弾いています。北部ロンドンにあるこの小さなアパートメントの住人にとって、アリス・ヘルツ=ゾマーは単に6番に住む女性です。

住民の一人は、「このブロックに住むことのメリットの1つは、朝と午後に美しく演奏されるクラシック音楽が流れることです」と述べました。実際、その建物の道路の外側でたたずみ、彼女の演奏を聴き、称えている人たちを私は知っています。彼女は毎日、弾きます。アリスは、毎日午後、自身の話を聞いたり、自身の体験から学ぼうと訪問する人々を受け入れます。彼女は104歳になった時も『A Garden of Eden in Hell』という本を書きました。

ユーチューブで語られているインタビューから引用した彼女の言葉を次に記します。

・私はユダヤ人ですが、ベートーベンを信奉しています。音楽が私の人生を救い、いまだに音楽は救ってくれています。私の世界とは音楽なのです。

・私はそんな素敵な人生を生きてきました。人生は素敵で、愛は美しく、自然や音楽は素晴らしいものです。私が経験してきたことすべてが受け取った贈り物であり、大事にしなければいけないプレゼントであり、愛する人たちに受け渡さなければいけないものです。

・私は人々を愛しています。すべての人を愛しています。人と話すことがとても好きです。他者の人生に興味を持っています。

・私は楽天家として生まれました。これが私を救ってくれました。あなたが楽天的である時、不平を言わない時、人生の良い面を見ていると、皆あなたを愛するようになります。

インタビュアーがアリスに、ナチスの収容所にいる間、苦痛を感じたかどうかを尋ねました。すると、アリスは単に、「苦痛はなかったわ。いつも笑っていたの」と答えました。

インタビュアーは、「あなたは良いことに焦点を当てたのですね。これがあなたの人生をうまく運んだのですね」とコメントしていました。「母が、学びなさい、学びなさい、学びなさい。知りなさい、知りなさい、知りなさい。考えなさい、考えなさい、考えなさい、と教えてくれました。すべてのことに感謝することを学んだのです。私は感謝の気持ちで満たされ、毎日幸せです」と、アリスは答えます。

アリス・ヘルツ＝ゾマーは、何事にも幸せを感じ、感謝する日々の気持ちだけでなく、音楽の底知れぬ力によって人生を豊かにしてきました。

アリスは、彼女を知るすべての人に希望やインスピレーションの光を放っています。アリスは健康を保ち、友人がいて、そばに音楽があります。１０８歳になった今も、生存する人の中で最も幸運な一人であると実感しています。

「いずれにしても、人生は極めて素敵なものです。あなたも年齢を重ねていく中で、人生の価値がもっと分かってきて感謝しますよ。年をより重ねていくと、あなたは考えるようになり、思い出すようになり、気に掛けるようになり、そして感謝します。あなたはすべてに感謝します。すべてに」[25]

第7章

21日間の感謝チャレンジ

Gratitude works! 1

感謝チャレンジに取り組む前に

前章までの内容を踏まえて、私たちの旅の最後の段階である21日間の感謝チャレンジに入ります。私が紹介してきた実践を活用できない限り、ここまでの内容は単なるお話のままとなり、私たちの人生に目立った影響を与えることにはならないでしょう。

本書をここまで読んでくださったのであれば、ご自身がもっと感謝できる人間になりたいという関心がおありでしょう。この最終章は、あなたのことを考えて作られています。

感謝チャレンジの第1歩は、現在のあなたがどれくらい感謝する性質のある人なのかを評価することです。

この評価は、何かの審査をするものではありません。単に、ここまでの章で私がお伝えしてきた感謝日記を書くエクササイズや他のツールが、今後の21日間であなたの態度や感情にどれくらいの変化をもたらすことができそうかを確認するために、1つの基準を作ることを意図しているだけです。

【感謝指数チェック】あなたはどれくらい感謝しますか？

以下の７段階で答えてください。

1：まったくそう思わない
2：そう思わない
3：あまりそう思わない
4：どちらでもない
5：ややそう思う
6：そう思う
7：非常にそう思う

① 人生の中で感謝することがかなりたくさんある □

② もし感謝したことをすべて書き出すならば、かなり長いリストになるだろう □

③ 世の中を見ても、感謝することはそれほど多くない □

④ 種々さまざまな人に感謝している □

⑤ 年を重ねるにつれ、自分の人生で出会った人や遭遇した出来事、状況に対して、さらに感謝できるようになっている □

⑥ 何かに感謝したり、誰かに感謝したりするまでには長い時間がかかることがある □

⑦ 人生において十分なほど恵まれてきた □

⑧ 正直に言うと、自分のような人間に感謝を感じさせようとするのは非常に大変だ □

⑨ 人生そのものに対して感謝を示す素晴らしい気持ちがある □

⑩ 他者の尽力のおかげで自分の人生がどれほど楽になったのかをよく考える[1] □

●得点の計算方法

ステップ1：以下の項目は、得点を足してください。
【①、②、④、⑤、⑦、⑨、⑩】

ステップ2：以下の項目は、得点を逆転させてください。
【③、⑥、⑧】
例）7点「非常にそう思う」→1点に逆転
6点「そう思う」→2点に逆転

ステップ3：ステップ1の合計得点に、③、⑥、⑧の逆転した点数を加えてください。これがあなたの合計感謝指数です。この指数は10点～70点の間となります。

●指数の解釈の仕方

【65～70点】極めて高い感謝の程度
この範囲内の得点であった人は、人生を贈り物として見る能力を持っています。あなたにとって、感謝は生き方そのものです。

【59～64点】かなり高い感謝の程度
あなたは人生において感謝の念を頻繁に表現し、他者があなたを

どのように助けてくれたかを容易に認めることができます。一方で、人生のあらゆる面であなたが感謝することをさらに認識し、感謝の気持ちを促進するのに次の21日間を役立てられるでしょう。

【53～58点】高い感謝の程度
感謝する程度は平均を上回っています。あなたに与えられた恩恵を振り返り考える時間を費やすのは比較的簡単でしょう。おそらく、今後21日間で多くの楽しみを見つけることができるでしょう。

【46～52点】平均的な感謝の程度
物事がうまくいっている時に感謝することは、それほど難しさを感じることはなさそうですが、つらい時期に感謝する見方を維持し続けることには難しさを感じるかもしれません。次の21日間を通じて、感謝日記や他の活動の価値を見いだすことになるのではないかと思います。

【40～45点】感謝の程度が平均以下
あなたは人生に感謝する理由を見つけるのが難しいと感じています。人生は贈り物というよりも負担です。もしかすると、あなたはちょうど、人生の悪い時期を経験しているだけかもしれません。しかし、もしそうでない場合は、次の21日間のエクササイズを行うことで、世界の見方や生活の仕方が変わる可能性はあります。

Gratitude works ! 2

21日間チャレンジの概要

21日間感謝チャレンジの核となるのは、感謝日記を続ける実践です。あなたの日記は、ご自身への贈り物となり、今後に残る記録となります。また、人生とは感謝を継続的に感じさせてくれるものという一層深い認識や理解をもたらしてくれるでしょう。

この後のページでは、各曜日に1つずつ、1週間で計7つを行うエクササイズセットが紹介されています。このチャレンジは、感謝に関わるこの7つのエクササイズをそれぞれ1日に1つずつ、日記を使用しながら行います。各エクササイズを3回ずつ、計21日間（3週間）かけて行うことで完遂します。

7つのエクササイズのうち、いくつかがご自身に一層の効果があると分かったとしても、7つすべてを試してみてください。記録するためのノートを購入したくなるでしょうが、もちろん上等なものでなくて構いません。

その日に行ったエクササイズとその日の日記のタイトルが合うように、記入するたびに必ず日付と分類（どのエクササイズか）をしてください。そうすることで、時が経過する中での、成長や変化を記録し確認することもできます。

初日は、「3つの恩恵エクササイズ」を行います。このエクササイズは、8日目、15日目にも繰り返して行います。

2日目、9日目、16日目には、「誰に、何を？」に注目して行います。3日目、10日目、17日目は、受け取った贈り物に焦点を当てます。4日目、11日目、18日目は、あなたにとって前向きなものでありながら比較的近い将来に終わってしまうようなものを生活の中から選びます。

5番目のエクササイズ（5日目、12日目、19日目）では、ポジティブな出来事や経験を取り上げ、もしそれが人生の中で起こらなかったとしたらどうだっただろうかと考えていただきます。

6日目、13日目、20日目は、人生の中で出会った人に向けた短い手紙を書いて手渡すことです。最後のエクササイズ（7日目、14日目、21日目）は、「悪い出来事を思い出して」行うものです。

図表7－1をご覧ください。

毎週エクササイズを繰り返す際、記載する内容は必ず異なるものにしましょう。例えば、「感謝の手紙」を書く際には、3回とも異なる相手を選びましょう。

1日目：「3つの恩恵」

2日目：「誰に、何を？」

3日目：「恵まれた自分」

4日目：「希少なものごと」

5日目：「もし恩恵がなかったら」

6日目：「感謝の手紙」

7日目：「悪いことを思い出す」

図表：7－1　7つの感謝プラクティス

毎日、日記を書く際、10分程度の時間は取りましょう。厳密になりすぎる必要はありません。必要なだけの時間を取ってみてください。

ことさら何か興味深いものがないと思われる時でも、予定に従い、何か書くようにしてみてください。今まで以上に感謝するようになるには心を訓練する体系的なエクササイズが必要となるため、訓練には繰り返し行う実践が欠かせません。

21日間の中で、意識的かつ計画的に実践するにつれて、エクササイズがより行いやすくなってくることに気づくでしょう。上達していくはずです！

必要であれば、その日のエクササイズに関連する章の2〜3節を読み返すのも良いでしょう。読むと助けになるはずです。

図表7－2では、21日間を通じてたどる流れを視覚的に表示しました。あなたが取り組むことは、日々内容を変えながら記述することです。そうすることで、1週間が終わる頃、感謝を高める複数の方法を体験したことになります。

この図表では、日曜日から始まり土曜日で終わっていますが、ご自身なりの始まりの日と終わりの日を選んでいただいて構いません。

	第1週 1日目 日曜日	第1週 2日目 月曜日	第1週 3日目 火曜日	第1週 4日目 水曜日	第1週 5日目 木曜日	第1週 6日目 金曜日	第1週 7日目 土曜日
3つの恩恵	✔						
誰に、何を？		✔					
恵まれた 自分			✔				
希少な ものごと				✔			
もし恩恵が なかったら					✔		
感謝の手紙						✔	
悪いことを 思い出す							✔

図表7－2　感謝日記の1週間

Gratitude works！
3

3つの恩恵（1日目、8日目、15日目）

今日、起こったことの中で、他者を称賛できそうな良いことを3つ、数分間振り返り、書き出してください。

「誰かが外見を褒めてくれた」「立ち往生しているプロジェクトを前進させるために、仲間が手助けしてくれた」「何年も音沙汰がなかった友人が連絡をくれた」といったことです。人生の中での大小かかわらず、うまく行ったことならどんなことでも対象となりえます。劇的なものでなくとも、ドラマティックなものでなくても構いません。

その良いことがなぜ起こったのか、理由を書き出すことが大切です。どんなことが、そのポジティブな出来事を引き起こしたのでしょうか？ なぜそれが起こったと思いますか？ あなたにとって、どんな意味があるのでしょうか？ あなたがそれを再び起こすには、どのようなことができるでしょうか？ この良いことについて、誰かに話しましたか？

あるポジティブな体験を説明したり、思い出すことをいくつか書き留めてから、続けてその体験がうまくいった理由を深く考えるようにします。できるだけ多くの理由を考えます。

次に、今日うまくいった2番目のことについて考え、書き留めて、うまくいった理由を深く考えます。続いて、3番目の良かったことを考え、それを書き留め、その理由を振り返ります。

その日に起こった良いことを追体験するのに役立つため、少なくとも数単語を使いながら、物事がうまくいった理由について書き留めることが非常に重要です。たとえ、笑顔でいられた、リラックスして楽しんだといった些細なことであったとしても、良いことであり焦点を当てるべき大切なことです。

このエクササイズに約10分は費やしましょう。

Gratitude works！
4

誰に、何を？（2日目、9日目、16日目）

「誰かに」感謝を感じることと、「何かに」感謝を感じることは異なります。

ブラザー・デヴィッド・スタインドル＝ラストは、thankfulnessとgratefulnessを区別しています。thankfulnessは、デヴィッドによると、他者から特定の親切を受けたときに起こる、より個人的な経験です。[2] 人が誰かにthankfulであり、他方、何かにgratefulであるということは、一般的に好まれる使用法のようです。また、thankingとthinkingが同じ語源であることも重要です。

感謝する（thank）はもともと、贈り物について考えることを意味していました。そしてそこから、考えることで呼び覚まされた気持ちや、感謝に満ちた姿勢でそれらを表現することを意味するようになっています。

私たちが感謝する（thank）時は、与える側、贈り物、そして受け取る側という観点で考えます。このエクササイズは、感謝する感覚を刺激するように意図されています。

状況や出来事が感謝の気持ちを引き出すことが多いのですが、そのほとんどが他の人や神からの恩恵です。

ここでは、感謝する事柄とその源泉である、与えてくれた側に焦点を当てます。誰があなたに恩恵を与えてくれましたか。配偶者？　隣人？　仕事仲間？　生徒の一人？　好きなスポーツチーム？

その日全体を振り返り、感謝する事柄と贈り物や恩恵を与えてくれた人について、５つほど書き留めてください。次の様式を使うのも良いでしょう。

私は（　　　　　　　　　　　　　　　）を、（　　　　　　　　　　　　　　　）に感謝します。

Gratitude works！

5

恵まれた自分（3日目、10日目、17日目）

ここでは、これまでの人生で受け取ってきた恩恵や「贈り物」に、焦点を当てます。これらの贈り物は、単に、日常の楽しみであったり、人生の中で出会う人であったり、自分の強みや才能であったり、自然の美を感じる瞬間であったり、誰かの親切な言動などが考えられます。

普段はあまり気に留めない事柄かもしれませんが、ここでは、これらのことを贈り物として改めて振り返って考えてほしいと思います。「贈り物」という言葉あるいは、「私は恵まれている」「私は恵まれてきた」という言葉をゆっくり数回繰り返してみてください。

自分の気持ちを意識して、想像の中で、この贈り物を楽しみ、味わってみてください。時間をかけて特に深い感謝を意識してみてください。これらの贈り物の価値にじっくり思いを巡らし、日記帳に書き留めてください。

このエクササイズには、続きのパートがあります。贈り物を受け取ると、お返しをしたいという気持ちが喚起されることがよくあります。ご自身にお尋ねください。「自分が感じている感謝の気持ちに対する適切な反応として、どのような形で他者にお返しをすることができるだろうか？」と。

創造的になってみてください。贈り物を他者に受け継ぎ渡す方法はありますか？「恩送り」ができますか？　あなたが受け取った贈り物を、どなたに話すことができますか？　手あたり次第といったことではなく、親切な行為ができますか？　列で並んでいるあなたの後ろの人のコーヒー、料金所であなたの後ろに並んでいる自動車の通行料、またはファストフードのドライブスルーで、あなたの後ろにいる車の分の代金を支払うことを申し出ますか？

食料雑貨店でのショッピング、お使い、あるいは家の雑用の手伝いなどを必要とするご年配の方が近所にいるかもしれません。メーターが終わろうとする時にコインを数枚入れる、道に迷う人の手助けをする。子どもに何かスキルを教える……挙げていくとリストは終わりがなく続きます。

贈り物を受け継ぎ、渡していくことは感謝を示す最高の方法です。

Gratitude works！

6

将来を見据えて（4日目、11日目、18日目）

すでに検討したように、人々が人生の前向きな出来事が終わろうとしていると思う時、その出来事に一層感謝し、残りの時間を活用しようとさらに努力する傾向があります。「今か、それとも、今を逃すと今後二度とないか」といった感覚を得ることで、私たちは、1日1日を最大限に活用するよう促されます。

このエクササイズでは、間もなく終了するかもしれない活動、出来事、体験、関係（それをXと呼びましょう）を選択します。Xの時間、Xと一緒にいる時間はあまり多く残されていないことを心に留めてみましょう。

それはあなたの現在携わっている仕事かもしれないし、受けているクラス、参加しているチーム、住んでいる場所かもしれません。あなたの人生の大事なこの時期が終わるというものです。1～3カ月程度の期間が残っている経験を選ぶようにしてみてください。Xの時間、Xとともにいる時間が少ないと仮定した時に、あなたがXに感謝する理由を書いてみましょう。

Gratitude works！

7

恵みの欠如（5日目、12日目、19日目）

感謝している時、私たちはその良いことを考え、確認しています。しかし、人生の中で良いことについて意識を向ける方法は多くあり、各々の方法が感謝の気持ちを引き出す上で同程度の力を持つわけではありません。

このエクササイズでは、もし人生においてポジティブな出来事や経験が起こらなかったとしたら、どうだろうかと考えます。これは、「モア・バイ・レス（差し引くことでより多く）」現象として捉えることができます。心にあるものを取り去ることで、それまで当たり前だと思っていた、今、あるものの恩恵に一層気づくようになります。あなたの人生から何か良いことを差し引くことによって、あなたはそのことに対し一層感謝することができます。

人生の中であなたが感謝できる側面を考え、それが発生していなかったらどうだろうか（例えば、「妻と出会えたことにとても感謝している」とは対照的に「妻と出会っていなければどんなことが起こっただろうか」と書き出してください。

Gratitude works！
8

感謝の手紙（6日目、13日目、20日目）

感謝の気持ちを感じているのにそれを表現しないことは、プレゼントを包装したのに渡さないようなものだと言われます。

私たちは、さまざまな理由で、感謝を受けるに値する人たちに感謝を表現しないことが、よくあります。「私たちがどれだけありがたいと思っているかを、あの人たち自身はすでによく分かっている」と当然のように思ってしまうのです。

「あの人たちは単に自分の仕事をしているだけだ」と思うことが、その人たちに感謝を知らせる必要性を軽減することにならないことに気づかなかったりします。

また、私たちは、計画したものの、どういうわけか実行に移さなかったということもあります。かなりの月日が過ぎてしまい、忘れていたことを恥ずかしく思ってしまうこともあります。

この活動では、人生で、誰かがあなたのために何かをしてくれて、あなたが感謝の気持ちを感じた時のことを思い出し、その人宛ての手紙を書きます。先生、指導してくれた人、コーチ、それとも、親しい友人でしょうか？　手紙を送るか否かはあなた次第です。

手紙には、なぜその人に感謝しているのか、その人があなたの人生にどのような影響を与えたのか、その人がしてくれたことについてどれくらいの頻度で考えるのか、を具体的に書きましょう。その人がしてくれたことはあなたの現在の生活にどのように影響しているでしょうか？

この活動では、あなたが今まできちんとお礼を言う時間を取ってこなかった人が良いでしょう。それは、両親、先生、親戚、コーチ、または他の誰かかもしれません。

手紙を書く時は、あなたが使いやすいものであればどんな媒体（便箋、メール、ビデオ）でも構いません。少なくとも10分～15分間はこの手紙に費やしましょう。２５０語程度だと良いでしょう。

手紙を実際に送るか否かにかかわらず、手紙を読むことで受取人はどのように感じるかを想像してみてください。

Gratitude works！

9

悪いことを良いことへ（7日目、14日目、21日目）

感謝を育むための方法の1つに、「悪いことを思い出す」があります。最悪だった瞬間、悲痛、喪失、悲しみについて思い出し考えます。人生の最悪の日、トラウマ、試練をどのように乗り切ったのかに焦点を当てます。

あなたは誘惑に耐え、ひどい人間関係を乗り切り、暗闇の中から抜け出し、自分の道を歩んでいます。ひどかった事柄を思い出してから、あなたの現状を改めて眺めてみましょう。

7日目のエクササイズは、この方法に変化が伴います。悪いことが起きたとしても、最終的には良い結果をもたらすことがあります。それは今となっては私たちが感謝できるようなことです。

これまでの人生の中で、最初は嫌であり、望んでいなかったような経験を選びましょう。そして、困難であった経験の肯定的な側面や結果に焦点を当てるように試みましょう。

この出来事の結果として、あなたは今、どんなことに感謝していますか？　この出来事は、あなたにとって、人間としてためになったでしょうか？　あなたはどのように成長しましたか？　その体験を通じて培った自分なりの強みはありますか？　その出来事によって、あなたは将来の課題に対してどれくらい上手に対応できるようになりましたか？　その出来事によって、あなたはどれくらいご自身の人生を大局的に見るようになりましたか？　その出来事は、あなたが人生の中で本当に重要な人物や物事を理解するのに、どのように役立ちましたか？　つまり、この出来事がもたらした有益な結果に、あなたはどのように感謝することができるでしょうか？

嫌だった出来事について、7日目、14日目、21日目に、それぞれ異なる内容を、書いてみてください。

Gratitude works！
10

振り返り

今、あなたは21日間チャレンジを完了しました。そこで、次の質問に答える内省の時間を取ってください。お望みなら日記に書いてください。あなたの回答は、このエクササイズ全体にとってとても大切なものです。

・あなた自身のことについてどんなことが分かりましたか？
・あなたの心に最も響いたのはどのエクササイズですか？
・最も難しかったのはどのエクササイズですか？
・チャレンジしてみて、どんなことが意外でしたか？
・21日間を通して、どんな障害や妨害となるものに出くわしましたか？
・それら障害をどう克服しましたか？
・日記を続ける予定はありますか？　なぜ続けますか？　あるいは、なぜ続けませんか？
・感謝の気持ちを喚起するような他の日記の書き方を見いだしましたか？

・これらの実践を他の誰かと共有しましたか？
・あなたは、ご自身が以前よりも感謝できる人間になったと思いますか？

あなたが効果的だと思ったものとそうでなかったものについてのフィードバックをお待ちしています。感謝はあなたにとってどのような意味を持つのでしょうか。これを聞いてみたいと思います。

カリフォルニア大学心理学部（Department of Psychology, University of California）One Shields Avenue, Davis, CA 95616まで手紙を書いてください。あなたにとって、感謝が効果的でありますように！

謝辞

もし教えに忠実であるなら、謝辞は本書の本文と同じ長さにならなければいけないでしょう。私が提供したさまざまなアイデアに何らかの形で貢献してくださった方々の名前を挙げると、非常に長いリストになります。モーリン・ステイプルトンのアカデミー賞を受賞したスピーチ（「これまで出会ったすべての人に感謝したい」）に頼り、それで終わらせたくなります。

しかし、そんなことではあまり良くないやり方になってしまいます。私は、感謝についての研究分野で多くの研究者と協力するという貴重で喜ばしい体験を持ち、そのすべての方々の貢献という恩恵を受けてきました。

彼らは御礼に値する方々ばかりです。その多くの方々とは現在良い友達になっています。フィル・ワトキンス、アレックス・ウッド、ジェフリー・フロー、マイク・マッカロー、ソニア・リュボミルスキー、チャーリー・シェルトンといった諸氏です。

ザカリー・シュスター・ハームズワース著作権代行会社の担当者であるエージェント、エズモンド・ハームズワースにも感謝しています。エズモンドは、私の書いた文章を、ジャーナル（定期刊行物）の事実伝達的な文から、一般の読者に適したものへと変える際に、素晴らしい支援をしてくれました。

ジョシー・バースの編集者であるシェリル・フラートンは、私が編集者に求めていたとおりの方でした。この本は、彼女のビジョンとスキルがあってこそできています。それぞれ部分的に構成されていた種々のアイデアを、一貫性ある完成品へと作り変えていく際に支援してくれました。私の考えをより明確に、より確信を持って発表できるようにしてくれたことに感謝しています。

ジョン・テンプルトン財団の寛大な支援に感謝し、御礼申し上げます。特に、財団の人文科学担当副プレジデントであるキモン・サージェントに感謝します。ステファン・ポストとアンリミテッド・ラブ協会も、本書で報告した研究の一部を惜しみなく支援してくれました。研究資金とは別に、私は過去10年以上、これら両者との関係をとても大切なものとしてきました。

クララ・モラビトにも特別な感謝の意を表します。彼女はインスピレーションを与えてくれ、私は過去数年にわたってクララと知り合いであることを大切にしてきました。感謝の癒す力についての言葉を広めてくれて、クララ、ありがとうございます。クララはまた各章の早い段階での草稿を読んでコメントをしてくれました。彼女の意見に心から感謝しています。

感謝についての私の個人的なお手本は、友人のダグ・リードです。彼は、私が知る中で最も感謝する人です。こう言う以外に、どうやって表現し、お礼を言えばよいのか分かりません。ダグの感謝の気持ちは、明瞭で周囲に伝播《でんぱ》し朽ちていくことがないほどです。私は、ダグには本書のタイトルについて恩を感じています。使うことを許可してくれました。ダグは、私が一層感謝する人になるよう激励してくれています。

妻のイボンヌと2人の息子アダムとギャレットからも、感謝について多くのことを学びました。もし私が彼らに十分な感謝を表現していなかったとしても、それは私が感謝する機会を彼らがくれなかったわけではありません。これらの方々に本書を捧げます。

訳者あとがき

2019年8月、私は、カリフォルニアの地で、著者であるロバートA.エモンズ博士とお会いする機会を得ました。博士のいるキャンパスでお会いしたその日は、ちょうど日本時間の8月15日、終戦記念日でした。終戦後74年であり、日本では「令和」という新たな元号へと移ったところでした（令和元年8月15日）。

終戦記念日ということもあって、「もし戦時中であったならば、エモンズ博士と決して出会うことがなかった」という思いが私の中でひしひしと芽生え、日頃当たり前に感じていた平和であることに改めて、感謝の念を感じたのを思い出します。ともすると、当たり前のように捉えられるものが実はとてもありがたいものだ、と。博士と出会ったことも含め、恵まれていることに気づくことの大切さを再認識しました。

そう捉えると、本書を発刊するというたった1つの出来事でさえ、直接間接問わず、さまざまな方々による恩恵があったことは確かです。

中でも、今から20年ほど前、私が九州大学の大学院生だった頃に、私の2学年後輩として在籍していた池田浩氏（現 九州大学准教授社会心理学研究室）は、エモンズ博士の研究を知るきっかけをつくってくれました。４年前、池田氏と会った際に、エモンズ博士の研究論文を紹介してくれたこと、改めて御礼申し上げます。

また、今回、翻訳作業を行うに当たって、これまで海外のコーチングについての文献の翻訳も手掛けられている原口佳典氏（株式会社コーチングバンク代表取締役）に協力いただきました。原口氏はご自身が多忙を極める時も、私の作業を支援してくださいました。厚く御礼申し上げます。

これらの方々をはじめ、多くの方々の存在がなければ「今」が出来上がっていないと実感いたします。

そして、さかのぼると私が大学院生の時に社会心理学や組織心理学、組織行動論を教えてくださり、社会人になるときには背中を押してくださった古川久敬先生（九州大学名誉教授）、学部生の時に臨床心理学や精神分析学の世界を見せてくださった北山修先生（九州大学名誉教授）、仕事の経験を積む中でさまざまな学びをさせていただいた多くの企業の皆さま、私の人間的な幅を広げるのに欠かせなかった職場内外で交流を深めてくださった方々、さらには生んでくれた両親、家族、親戚、友人など、それらの方々からいただいた恩恵を受けて、今があることに思いを巡らせます。

まさに人生を歩むとは、多様に織りなす人脈の中で自身が育まれることであると感じられます。

さて、私の日常業務は、企業組織内における人材育成活動のご支援です。職業柄、これまで多くの伝統的な日本企業にお伺いする機会がありました。

その1つとして、従業員数3万人を超え、世界の各地域に拠点を持つあるグローバルカンパニーがあります。その企業の人材育成活動の一端を5年前から現在に至るまで継続的にご支援させていただいています。現在本社は東京に位置するものの、九州の長崎にその創業者の出身地があり、そこに従業員向けの立派な研修所があるため、私は年に数回研修所へお伺いし、研修を担当させていただいています。

世界中から従業員が研修を受講しに研修所に集まるのですが（現在はコロナ禍の下、オンライン活用）、その企業の社訓の1つに「感謝」があります。創業者が心から大事にしたもののことです。創業以来100年以上の歴史を持つその企業は、現在でも創業者の想いを脈々と受け継ぎ、日々、世界各地で「感謝」の重要性を、日本語と現地語で確認しながら活動しているとのことです。

私は、社訓を大切に取り組む研修所へ赴くたびに、「感謝」の重要性を感じないことはありませんでした。私の中で、「感謝」の重要性は高まるばかりでした。ビジネスを通じて、真心を感じる瞬間です。

エモンズ博士の文献に触れ、そしてこの企業の人材育成に携わらせていただくことなどを含めさまざまな経験を振り返ることを通じて、本書を日本の方々に届け、1人ひとりのより良い人生の実現とそれを通じたより良い組織や社会づくりの実現へとつなげたいという想いが沸き上がりました。

この企業において、感謝の効用に関する調査研究をさせていただきました。職場活動において感謝がどのように機能するかです。この調査研究は、先述の九州大学の池田氏と共同で実施しました。分析結果からうかがえることは、「感謝」は職場内活動を向上させる効果的な要素と言えそうだ、ということです。

結果を眺め、そしてこれまでの人材育成支援の経験を通して私の中で思い浮かぶことは、職場を人の身体と見立てた場合、言ってみれば感謝は乳酸菌のように職場体質を強化するのではないかということです。

もちろん、感謝の念とは一人ひとりの本人が自ら感じるものであり、他人が強制するものではないため、職場で強要すればよいといった短絡的な解釈に陥らないようにしたいのですが、乳酸菌を毎日体内に摂取することが大事なように、感謝の念も日々の積み重ねで職場が出来上がり、職場として体質強化していくように思われます。

また、今、世の中における働き方に関して、仕事は仕事、プライベートはプライベートと完全に切り分けるのではなく、両者が良い形で相互に影響し合う統合的な捉え方が広がってきています。その意味では、感謝は、仕事場面のみに限った話ではなく、プライベートを含め人生全体をより良くしていく際に重要な要素と位置づけられるでしょう。

そしてさらに、社会が変わっていく新しい時代の幕開けの時こそ、さまざまなことに感謝しながら、より良い方向を見失うことなく進んでいく必要があるのではないかと思われます。エモンズ博士が本書の中で語っているように、過去の歴史において、人々は厳しい局面に立たされている時こそ、感謝することを大切にしてきた、と。

もちろん、感謝ですべてが解決するわけではありませんが、人が人生を歩んでいく中で、忘れてはならない大切な要素（見方を変えれば忘れがちになってしまう側面）であり、抽象的に語られるものではなく具体的実践の中でこそ、その意味合いは体現されるものでしょう。

本書のプログラムにある21日間で実践を終わるのではなく、本書で紹介された複数の実践方法を知った今、スタート地点に立った気持ちで、より豊かな人生を楽しむよう、自分なりに継続していくのが、より本質的な活用だと思います。

私自身も、一生活者、一人の実践者として意識していきます。そして、より良い社会づくりへ向けて私自身ができることをチャレンジしていこうと思います。

エモンズ博士からの贈り物である本書が、日本全体ならびに日本社会で生活する一人ひとりの過去を癒やし、現在を元気にし、将来を変えていく、良い方向に進む一助になれば幸いです。

日本、いや、世界全体における一人ひとりの豊かな人生を後押しすることを願って。

2021年春

中村浩史

Note

【はじめに】
1. Howard Becker, Man in Reciprocity (Westport, CT: Greenwood Press, 1973), 226.
2. Edward J. Harpham, “Gratiude in the History of Ideas,” in The Psychology of Gratitude, ed. Robert A. Emmons and Michael E. McCullough (New York: Oxford University Press), 19.
3. Ibid., 20.

【第1章】
1. Personal communication (January 2011).
2. Alex M. Wood, Jeffrey J. Froh, and Adam W. A. Geraghty, “Gratitude and Well-Being: A Review and Theoretical Integration,” Clinical Psychology Review (2010): 890-905.
3. Rick Hanson, Buddha's Brain: The Practical Neuroscience of Happiness, Love, and Wisdom (Berkeley, CA: New Harbinger Publications, 2009).
4. Rollin McCraty and Doc Childer, “The Grateful Heart: The Psychophysiology of Appreciation,” in The Psychology of Gratitude, ed. R. A. Emmons and M. E. McCullough (New York: Oxford University Press, 2004), 230-255.
5. Stephen G. Post, Why Good Things Happen to Good People (New York: Broadway, 2007), 32.
6. Robert A. Emmons, Thanks! How the New Science of Gratitude Can Make You Happier (Boston: Houghton-Mifflin, 2007).
7. Personal communication (December 2011).
8. Emmons (2007).
9. Robert A. Emmons and Anjali Mishra, “Gratitude,” in Religion, Spirituality, and Positive Psychology: Understanding the Psychological Fruits of Faith, ed. Thomas G. Plante (Santa Barbara, CA: Praeger), 9-30.
10. Michael F. Steger, Brian M. Hicks, Todd B. Kashdan, Robert F. Krueger, and Thomas J. Bouchard Jr., “Genetic and Environmental Influences on the Positive Traits of the Values in Action Classification, and Biometric Covariance with Normal Personality,” Journal of Research in Personality, 41 (2007): 524-530.

【第2章】
1. Personal communication (November 2010).
2. Jack Kornfield, The Wise Heart: A Guide to the Universal Teachings of Buddhist Psychology (New York: Bantam, 2009), 400.

3. Robert A. Emmons and Michael E. McCullough, "Counting Blessings Versus Burdens: An Experimental Investigation of Gratitude and Subjective Well-Being in Daily Life," Journal of Personality and Social Psychology, 84 (2003): 377-389.
4. Ibid.
5. Shelley E. Taylor, "Adjustment to Threatening Events: A Theory of Cognitive Adaptation," American Psychologist, 38 (1983): 1161-1173.
6. David Steindl-Rast, "A Good Day," www.gratefulness.org/brotherdavid/a-good-day.htm.
7. Angeles Arrien, Living in Gratitude: A Journey That Will Change Your Life (Boulder, CO: Sounds True, 2011).
8. La Rochefoucauld, Moral Reflections, Part I, www.bartleby.com/350/4.html.
9. Gregg Krech, Naikan: Gratitude, Grace, and the Japanese Art of Self-Reflection (Berkeley, CA: Stone Bridge Press, 2002).
10. Ravi Iyer and Carlyn Carter, Exploring the Optimal Gratitude Practice: Depth, Quantity, and Personalization, unpublished manuscript, University of Southern California, Los Angeles (2009).
11. Andrew Ortony, Gerald L. Clore, and Allan Collins, The Cognitive Structure of the Emotions (New York: Cambridge University Press, 1988).
12. Gilbert K. Chesterton, St. Francis of Assisi (Mineola, NY: Dover Publications, 2008), 71.
13. Minkyung Koo, Sara B. Algoe, Timothy D. Wilson, and Daniel T. Gilbert, "It's a Wonderful Life: Subtracting Positive Events Improves People's Affective States, Contrary to Their Affective Forecasts," Journal of Personality and Social Psychology, 95 (2008): 1217-1224.
14. Nico H. Frijda, "The Laws of Emotion," American Psychologist, 43 (1988): 349-358. Quote from p. 350.
15. Koo, Algoe, Wilson, and Gilbert (2008).
16. The Works of Samuel Johnson, vol. 6 (London: W. Bynes and Son, 1818/2010), 271.
17. Jaime L. Kurtz, "Looking to the Future to Appreciate the Present: The Benefits of Perceived Temporal Scarcity," Psychological Science, 19 (2008): 1238-1241.
18. Winifred Gallagher, New: Understanding Our Need for Novelty and Change (New York: The Penguin Press, 2012).
19. C. Robert Cloninger, Feeling Good: The Science of Well-Being (New York: Oxford University Press, 2004).
20. Sonja Lyubomirsky, Kennon Sheldon, and David Schkade, "Pursuing Happiness: The Architecture of Sustainable Change," Review of General Psychology, 9 (2005): 111-131.

21. Michael J. Fox, Always Looking Up: The Adventures of an Incurable Optimist (New York: Hyperion, 2009), 201.
22. Patrick McNamara, Where God and Science Meet: The Neurology of Religious Experience (Westport, CT: Praeger, 2006).
23. F. Gregory Ashby, Alice M. Isen, and U. Turken, "A Neuropsychological Theory of Positive Affect and Its Influence on Cognition," Psychological Review, 106 (1999): 529-550.

【第3章】

1. Gertrude Stein, www.quotationspage.com/quote/32983.html
2. Walter Green, This Is the Moment: How One Man's Year-Long Journey Captured the Power of Extraordinary Gratitude (Carlsbad, CA: Hay House, 2010).
3. Edward Hoffman, ed., Future Visions: The Unpublished Papers of Abraham Maslow (Thousand Oaks, CA: Sage, 1996), 78.
4. Martin E. P. Seligman, Authentic Happiness: Using the New Positive Psychology to Realize Your Potential for Lasting Fulfillment (New York: The Free Press, 2002), 74.
5. Martin E. P. Seligman, Tracy A. Steen, Nansook Park, and Christopher Peterson, "Positive Psychology Progress: Empirical Validation of Interventions," American Psychologist, 60 (2005): 410-421.
6. Philip C. Watkins, Kathrane Woodward, Tamara Stone, and Russell L. Koltz, "Gratitude and Happiness: Development of a Measure of Gratitude and Relationships with Subjective Well-Being," Social Behavior and Personality, 31 (2003): 431-452.
7. Steven M. Toepfer and Kathleen Walker, "Letters of Gratitude: Improving Well-Being Through Expressive Writing," Journal of Writing Research, 1 (2009): 181-198.
8. Steven M. Toepfer, Kelly Clehy, and Patti Peters, "Letters of Gratitude: Further Evidence for Author Benefits," Journal of Happiness Studies, 1 (2012): 187-201.
9. Matthew T. Lieberman, Naomi I. Eisenberger, Molly J. Crockett, Sabrina M. Tom, Jennifer H. Pfiefer, and Baldwin M. Way, "Putting Feelings into Words: Affect Labeling Disrupts Amygdala Activity in Response to Affective Stimuli," Psychological Science, 18 (2007): 421-428.
10. Dorothy C. Bass, Practicing Our Faith: A Way of Life for a Searching People (New York: Wiley, 2010), 92.
11. David Hochman, "How to Be Thankful and Improve Your Life," Readers Digest (2009): 163-166. Quote from p. 166.
12. John Mackey, "Bentley College Commencement Speech," www.wholefoodsmarket.

com/blog/john-mackeys-blog/bentley-college-commencement%C2%A0speech.
13. Moira Clark, "Bosses Are Worse at Saying Thank You to Staff Than 10 Years Ago," CallcentreHelper.com, www.callcentrehelper.com/bosses-are-worse-at-saying-thank-you-to-staff-than-10-years-ago-2226.htm.
14. Ibid.
15. Howard Jacobson, Gratitude as a Business Strategy (November 23, 2011), www.fastcompany.com/1796660/gratitude-business-strategy.
16. Bruce Rind and Prashant Bordia, "Effect of Server's'Thank You'and Personalization on Restaurant Tipping," Journal of Applied Social Psychology, 25 (1995): 745-751.
17. J. Ronald Carey, Stephen H. Clicque, Barbara A. Leighton, and Frank Milton, "A Test of Positive Reinforcement of Customers," Journal of Marketing, 40 (1976): 98-100.
18. Natalia Kolyesnikova and Tim H. Dodd, "Effects of Winery Visitor Group Size on Gratitude and Obligation," Journal of Travel Research, 47 (2008): 104-112.
19. Randle Raggio and Judith A. Garretson, "Expressions of Gratitude in Disaster Management: An Economic, Social Marketing, and Public Policy Perspective on Post-Katrina Campaigns," Journal of Public Policy and Marketing, 30 (2011): 168-174.
20. Margaret Visser, The Gift of Thanks: The Roots, Persistence, and Paradoxical Meanings of a Social Ritual (Toronto: HarperCollins, 2008), 10.
21. Jeffrey J. Froh, Giacomo Bono, Robert A. Emmons, and Kathleen Henderson, "Nice Thinking! An Educational Intervention That Teaches Children How to Think Gratefully," School Psychology Review (in press).
22. Ibid.
23. Ibid.
24. Jeffrey J. Froh, Todd Kashdan, Kathleen M. Ozimkowski, and Norman Miller, "Who Benefits the Most from a Gratitude Intervention in Children and Adolescents? Examining Positive Affect as a Moderator," Journal of Positive Psychology, 4 (2009): 408-422.
25. Ibid.
26. C. Everett Koop, Koop: The Memoirs of America's Family Doctor (New York: Random House, 1991), 109.
27. Elizabeth Bibesco, www.quoteworld.org/quotes/1344.

【第4章】

1. Dallas Willard, The Spirit of the Disciplines: Understanding How God Changes Lives (San Francisco: HarperOne, 1990).
2. Dallas Willard, "Spiritual Disciplines, Spiritual Formation, and the Restoration

of the Soul," Journal of Psychology and Theology, 26 (1998): 102.

3. Willard, The Spirit of the Disciplines, 179.
4. David Steindl-Rast, Gratitude as Thankfulness and as Gratefulness, in Emmons and McCullough (2004), 283.
5. Robin McKie, "Fasting Can Help Protect Against Brain Diseases, Scientists Say," The Observer (February 18, 2012), www.guardian.co.uk/society/2012/feb/18/fasting-protect-brain-diseases-scientists.
6. Lauren Winner, Mudhouse Sabbath: An Invitation to a Life of Spiritual Discipline (Brewster, MA: Paraclete, 2008), 83.
7. Michael Zigarelli, "Gratitude: Pathway to Permanent Change," Christianity 9 to 5, www.epiphanyresources.com/9to5/articles/gratitude.htm.
8. Henri Nouwen, Making All Things New: An Invitation to the Spiritual Life (San Francisco: HarperOne, 1981), 69.
9. Richard J. Foster, Celebration of Discipline: The Path to Spiritual Growth (San Francisco: HarperOne, 1978).
10. John A. Simpson and Edmund S. Weiner, eds., The Compact Oxford English Dictionary (New York: Oxford University Press, 1991), 977.
11. Christopher R. Long and James R. Averill, "Solitude: An Exploration of Benefits of Being Alone," Journal for the Theory of Social Behavior, 33 (2003): 21-44.
12. Ibid., 23.
13. Ibid., 27.
14. Ibid., 33.
15. Jonathan Edwards, A Treatise Concerning Religious Affections (New York: American Tract Society, 1850), 245.
16. Timothy Kasser, The High Price of Materialism (Cambridge, MA: MIT Press, 2003).
17. Robert Emmons, unpublished study.
18. Ian J. Norris and Jeff T. Larsen, "Wanting More Than You Have and Its Consequences for Well-Being," Journal of Happiness Studies, 12 (2011): 887-885.
19. Michael Sacasas, "Gratitude as a Measure of Technology," The Frailest Thing (November 24, 2011), http://thefrailestthing.com/2011/11/24/gratitude-as-a-measure-of-technology.
20. St. Augustine, Confessions, trans. Henry Chadwick (New York: Oxford University Press, 2009), 186.
21. Seneca, "We Should Every Night...," http://havingcouragetochange.blogspot.com/2012_09_01_archive.html.
22. In Gregg Krech, Naikan: Gratitude, Grace, and the Japanese Art of Self-Reflection (Berkeley, CA: Stone Bridge Press, 2002), 92.

23. Ibid, 31.
24. Paul Tillich, The Shaking of the Foundations (New York: Charles Scribner's Sons, 1948), 162.

【第5章】

1. Keith J. Campbell, “Psychological Entitlement: Interpersonal Consequences and Validation of a Self-Report Measure,” Journal of Personality Assessment, 83 (2004): 29-45.
2. Mark E. Jonas, “Gratitude, Ressentiment, and Citizenship Education,” Studies in Philosophy and Education, 31 (2012): 29-46.
3. Roger Scruton, “Gratitude and Grace,” American Spectator (April 2010), spectator.org/archives/2010/04/02/gratitude-and-grace.
4. Stephen Schwarz, Values and Human Experience: Essays in Honor of the Memory of Balduin Schwarz (New York: P. Lang, 1999), 184.
5. Jean Twenge and Keith J. Campbell, The Narcissism Epidemic: Living in the Age of Entitlement (New York: Free Press, 2010).
6. Ellen Greenberger, J. Lessard, C. Chen, and S. P. Farruggia, “Self-Entitled College Students: Contributions of Personality, Parenting, and Motivational Factors,” Journal of Youth and Adolescence, 37 (2008): 1193-1204.
7. Arlie Hochschild, The Second Shift: Working Families and the Revolution at Home (New York: Viking, 1989).
8. Dacher Keltner, Jeremy Smith, and Jason Marsh, The Compassionate Instinct: The Science of Human Goodness (New York: W. W. Norton, 2010), 113.
9. Stephanie Coontz, Marriage, a History: How Love Conquered Marriage (New York: Penguin, 2006), 261.
10. Julie J. Exline, “Modesty and Humility,” in Character Strengths and Virtues, ed. Christopher Peterson and Martin E. P. Seligman (Washington, DC: American Psychological Association, 2002), 461-476.
11. Alan Morinis, Everyday Holiness: The Jewish Spiritual Path of Mussar (Boston: Shambhala, 2007), 48.
12. Julie J. Exline and Peter C. Hill, “Humility: A Consistent and Robust Predictor of Generosity,” Journal of Positive Psychology, 7 (2012): 208-218.
13. Mark T. Mitchell, “Why I Am a Conservative,” First Principles (September 29, 2008), www.firstprinciplesjournal.com/articles.aspx?articlev183&themevhome&locvb.
14. Alasdair MacIntyre, Dependent Rational Animals: Why Human Beings Need the Virtues (Chicago: Open Court, 2001).
15. Ursula Goodenough, The Sacred Depths of Nature (New York: Oxford University Press, 1998), 86.

16. Steve Cady, "A Brash Captain Keeps the Cup," New York Times (September 18, 1977), www.nytimes.com/packages/html/sports/year_in_sports/09.18.html.
17. Paul Wong. "I'm Glad That I'm a Nobody: A Positive Psychology of Humility" (November 2003), www.meaning.ca/archives/presidents_columns/pres_col_nov_2003.htm.
18. American Chesterton Society. What's Wrong with the World, www.chesterton.org/discover-chesterton/frequently-asked-questions/wrong-with-world.
19. McCraty and Childre (2004), 231.
20. Shimon Levy, Theatre and the Holy Script (Eastbourne, UK: Sussex Academic Press, 1999), 228-229.

【第6章】
1. M. Scott Peck, The Road Less Traveled: A New Psychology of Love, Traditional Values and Spiritual Growth (New York: Simon & Schuster, 1978).
2. Deborah C. Stevens, ed., The Maslow Business Reader (New York: John Wiley & Sons, 2010), 298.
3. Personal communication (March 2008).
4. Mary Chapin Carpenter, "The Learning Curve of Gratitude," in Jay Allison and Dan Gediman, eds., This I Believe: The Personal Philosophies of Remarkable Men and Women (New York: Holt, 2007), 44-46.
5. Peter J. Gomes, The Good Life: Truths That Last in Times of Need (San Francisco: HarperOne, 2003), 151.
6. Nico H. Frijda, "The Laws of Emotion," American Psychologist, 43 (1988): 349-358.
7. Araceli Frias, Philip C. Watkins, Amy C. Webber, and Jeffrey J. Froh, "Death and Gratitude: Death Reflection Enhances Gratitude," Journal of Positive Psychology, 6 (2011): 154-162.
8. Ibid, 161.
9. Dietrich Bonhoeffer, Letters and Papers from Prison (New York: Touchstone, 1997), 176.
10. Barbara Held, "The Negative Side of Positive Psychology," Journal of Humanistic Psychology, 44 (2004): 9-46.
11. Miriam Greenspan, Healing Through the Dark Emotions: The Wisdom of Grief, Fear, and Despair (Boston: Shambhala Publications, 2004), 1.
12. Philip C. Watkins, "Taking Care of Business? Grateful Processing of Unpleasant Memories," Journal of Positive Psychology, 3 (2008): 87-99.
13. Chad M. Burton and Laura A. King, "Effects of (Very) Brief Writing on Health: The Two-Minute Miracle," British Journal of Health Psychology, 13 (2008): 9-14.

14. Anjali Mishra and Robert A. Emmons, Sex Differences in Gratitude: Effects on Psychological Well-Being, Prosocial Behavior, Materialism, and Meaning in Life. Poster presented at the First World Congress on Positive Psychology, Philadelphia, PA, June 2009.
15. Trinity Lutheran Church, A Tapestry of Gratitude (Stillwater, MN: Trinity Lutheran Church, 2009), 18.
16. Silvia Knobloch-Westerwick, Yuan Gong, Holly Hagner, and Laura Kerbeykian, "Tragedy Viewers Count Their Blessings: Feeling Low on Fiction Leads to Feeling High on Life," Communication Research, 39 (2012).
17. "Miracle Escapes from the Killer Wall of Black Water," The Australian (March 15, 2011).
18. "Gratitude and a Song of Hope from Children in Japan," Christian Science Monitor (March 11, 2012).
19. Jacqueline N. Ventura and Pauline G. Boss, "The Family Coping Inventory Applied to Parents with New Babies," Journal of Marriage and the Family, 45 (1983): 867-875.
20. Laura L. Vernon, Jacqueline M. Dillon, and Amanda R. W. Steiner, "Proactive Coping, Gratitude, and Posttraumatic Stress Disorder in College Women," Anxiety, Stress & Coping, 22 (2009), 117-127.
21. Robert A. Emmons and Lisa R. Krause, Voices from the Heart: Narratives of Gratitude and Thankfulness in Persons with Neuromuscular Diseases, unpublished manuscript, University of California, Davis, October 2000.
22. Dan P. McAdams, The Redemptive Self: Stories Americans Live By (New York: Oxford University Press, 2006).
23. Ibid, 20.
24. Tim P. VanDuivendyk, The Unwanted Gift of Grief: A Ministry Approach (New York: Haworth, 2006).
25. Melissa Muller, A Garden of Eden in Hell: The Life of Alice Herz-Sommer (London: Macmillan, 2008).

【第7章】

1. Michael E. McCullough, Robert A. Emmons, and Jo-Ann Tsang, "The Grateful Disposition: A Conceptual and Empirical Topography," Journal of Personality and Social Psychology, 82 (2002): 112-127.
2. David Steindl-Rast, Gratitude as Thankfulness and as Gratefulness, in The Psychology of Gratitude, ed. R. A. Emmons and M. E. McCullough (New York: Oxford University Press, 2004).

【その他参考文献】

Au, Wilkie, and Au, Noreen Cannon. The Grateful Heart: Living the Christian

Message (New York: Paulist Press, 2011).
Emmons, Robert, and Hill, Joanna. Words of Gratitude for Mind, Body and Soul (West Conshohocken, PA: Templeton Press, 2001).
Jensen, Todd Aaron. On Gratitude (Avon, MA: Adams Media, 2010).
Leddy, Mary Jo. Radical Gratitude (Maryknoll, NY: Orbis, 2002).
Lesowitz, Nina. Living Life as a Thank you: The Transformative Power of Daily Gratitude (Berkeley, CA: Viva Editions, 2009).
Lyubomirsky, Sonja. The How of Happiness: A Scientific Approach to Getting the Life You Want (New York: The Penguin Press, 2007).
Lyubomirsky, Sonja. The Myths of Happiness: What Should Make You Happy but Doesn't, What Shouldn't Make You Happy, but Does (New York: The Penguin Press, 2013).
Okitembo, Louis Ngomo. In Everything, Give Thanks: The Power of Gratitude (Bloomington, IN: Xlibris, 2012).
Price, Catherine. Gratitude: A Journal (San Francisco: Chronicle Books, 2007).
Shelton, Charles. The Gratitude Factor: Enhancing Your Life Through Grateful Living (New York: Hidden Spring, 2010).
Steindl-Rast, David. Gratefulness, the Heart of Prayer (New York: Paulist Press, 1981).

著者紹介

Robert A.Emmons（ロバート A.エモンズ）
カリフォルニア大学デイビス校心理学教授。カリフォルニア州デイビスに在住。

1988年からカリフォルニア大学デイビス校にて心理学教授として教鞭を執り続けている。感謝研究の世界的権威であり、ポジティブ心理学の活動を担う代表的研究者の一人である。
The Journal of Positive Psychologyの創刊編集者であり編集長。日本でも翻訳出版されている『Gの法則』（サンマーク出版、2008年）『ありがとうの小さな練習帳―幸せを招き寄せる感謝のレッスン26』（プレジデント社、2016年）などを含む約200におよぶ刊行物を執筆。エモンズ博士による感謝の研究は、これまで「ニューヨーク・タイムズ」「タイム」「ニューズウィーク」「ワシントン・ポスト」「USAトゥデイ」「USニューズ＆ワールド・レポート」「リーダーズ・ダイジェスト」など、多数の主要メディアに取り上げられている。

訳者紹介

中村 浩史
学校法人産業能率大学総合研究所 経営管理研究所主幹研究員
総合研究所准教授

（略歴）
1975年に兵庫県明石市で生まれ、大阪府で育つ。大阪府立北野高等学校卒業
1999年　九州大学 教育学部教育心理学科卒
2001年　九州大学大学院 人間環境学研究科行動システムコース修士課程修了
同年　（学）産業能率大学経営開発本部 研究開発部HRM研究センター入職
現在、同大学総合研究所 経営管理研究所所属。
20年間、業種問わず企業や自治体における人材育成に携わる。毎年、約20～30社に対して人材育成の支援を継続。産業能率大学大学院でも教鞭を執る。職場マネジメント、リーダーシップをはじめ職場活動向上をテーマとした各種支援を行っている。

「感謝」の心理学
心理学者がすすめる「感謝する自分」を育む21日間プログラム
〈検印廃止〉

著　者　ロバート A.エモンズ
訳　者　中村 浩史
発行者　坂本 清隆
発行所　産業能率大学出版部
東京都世田谷区等々力 6-39-15　〒158-8630
（電話）03（6432）2536
（FAX）03（6432）2537
（振替口座）00100-2-112912

2021年 4 月 30 日　初版 1 刷発行

印刷・製本所　日経印刷

（落丁・乱丁はお取り替えいたします）　ISBN 978-4-382-15801-6